3・4・5歳児の

ころばない
体を作る!

運動あそび256

倉上千恵・著
(MITTE KIDS)

「体幹力」が育つ運動あそび

子どもの体幹力を強くしたいとき、大人がしているようなトレーニングをすればよいのでしょうか？　いいえ、子どもは「あそぶこと」で、楽しみながら様々なことを習得していきます。

幼児期に大切な運動あそび

幼児期には、運動や体を使ったあそびをたくさんやってみましょう。とは言うものの、「何をしたらいいのかわからない」という声をよく耳にします。対する私の答えはいつも決まって、「**体を使って思いきりあそんでみてください**」です。「あそぶだけでいいの？」「跳び箱や鉄棒をしなくてもいいの？」などと、少し不安そうな顔でたずねる保育者や保護者もいます。

幼児期には、何かができるようになる成果主義の運動ではなく、「楽しい！」「もっとやってみたい！」と思える運動あそびを通して、**体の軸や運動能力の素地を作る時間と考えて**みましょう。たくさんの運動あそびを行った先に、「跳び箱を跳んでみたい！」「逆上がりに挑戦してみたい！」という、**運動に対する自発的な心が育ってくれることが一番**なのです。子どもは、楽しいことが大好きです。つらいこと、つまらないことから学ぶことは、難しいのです。

本書で紹介するあそびのプランは、実際に指導現場で子どもたちと一緒にあそんでいて、「体幹がついてきた！」「体がしっかりしてきた！」と感じることができたあそびばかりです。運動と考えずに、まずは「あそび」としての体作りの時間を楽しんでみましょう。

子どもと体幹

体に力が入らない子、バランスをくずしてころんでしまう子、すぐに疲れてしまう子、猫背でよい姿勢を保てず椅子にしっかりと座っていられない子、じっとしていられず落ち着きのない子。そんな子どもたちを、私自身が目や耳にする機会が増えてきました。一方で、足腰がしっかりしていて動きに安定感がある子、どんな動きに対しても対応できるバランスのよい子、座っている時や立っている時の姿勢がよい子、地に足が着いていて心が落ち着いている子もいます。これらの子どもたちとは、どんな違いがあるのでしょうか？

理由の1つとして、**「体幹力」の育ちの差**が挙げられます。運動あそびを通して、体作りを育んできた子どもは足腰が強くなるので、**どんな動きに対しても安定感をもって取り組めます**。また、お腹周りの筋肉を、しっかりと固めることができるので、骨盤が安定し、**正しい姿勢を維持することができます。正しい姿勢を保ち、背骨を伸ばすことが、神経や脳への刺激を高め、脳への血流がよくなり、集中力も高められる**と言われているのです。こうした点から、子どものうちに体幹をしっかりと養ったほうがよいのです。

「体幹力」が育つと体へのメリットがこんなにも！

- 「立つ」「座る」「歩く」という人間の基本姿勢を維持する力が養われる。
- 足腰がしっかりとする。
- 動きに安定感が増す。
- くずれそうな姿勢を立て直すことができる。
- ころびにくく、けがをしにくい体になる。
- 無駄な動きが減る。
- 疲れにくくなる。
- 運動のパフォーマンスが上がる。
- 足の裏でしっかりと立てる。
- 深い呼吸ができるようになる。
- 脳への血流がよくなり、集中力が高まる。

就学前に育ててあげたい体幹

小学校へ入学すると、40分間の授業を椅子に座って受けなければなりません。椅子に座り続ける経験をしてこなかった子どもにとっては、少しつらく感じることもあるようです。「体幹力」があれば、しっかりと姿勢を保つことができます。また、背骨が伸びた正しい姿勢によって神経、脳への血流がよくなることで、集中力も高められると言われています。そのためにも、**幼児期の運動あそびを通して体幹作りをしておけば、就学時に困らない心と体の準備ができる**のではないかと考えます。

体幹で大地を踏みしめる

体幹がしっかりしている子どもは、両足で大地を踏みしめて立っています。腹を据え、足の裏でしっかり立っている様子は、見ていて安定感があり、存在感を覚えます。今そこにいる自分を、自分自身でも感じているように見受けられます。

体幹は、**自分自身の体だけでなく、心も支え、落ち着かせる力がある**と思います。大地を感じる力は、言い換えると感受性であり、無意識のうちに必要な情報を感じ取る力であると考えられます。情報社会と言われている現代社会において、**必要な情報を感じ取る力や自分の心の声を聞く力を磨くことも、幼児期に育みたい力の1つ**であると考えています。

体幹のしくみ

体幹は一般的に、頭と手足を除いた胴体部分の全体が「体幹」と言われています。具体的には、お腹・背中・胸・腰周りです。体幹がしっかりとした体は、運動時だけでなく、歩く、立つ、座るなどの日常活動においても安定を保つことができます。体幹は、人が生きていく上で重要な役割を担っていると言えるでしょう。

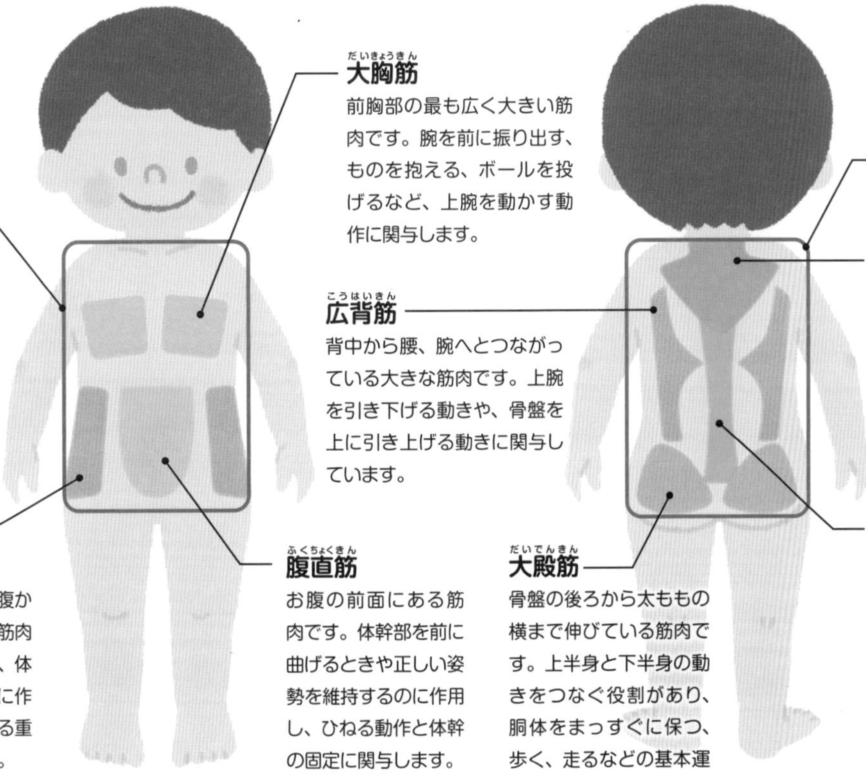

運動の種類と育つ能力

体幹を育む運動あそびは、大きく以下の3つの動きに分けられます。
①ある場所から他の場所へ移動する【移動系】の運動
②ものに働きかけたり、操作したりする【操作系】の運動
③姿勢の安定を保つ【平衡系】の運動
本書では、これら3つの動きはもちろん、基本運動にはじまり、集団で行うもの、競争するもの、プール運動と多岐にわたって運動あそびを紹介しています。

基本運動 ➡P.19〜66

「歩く」「走る」「はう」「跳ぶ」「スキップする」など、基本となる動作スキルのこと。基本運動は、**《移動系》《非移動系》《操作系》《バランス系》**の４つからなります。

育つ能力

基本的な動作の動きを身につけることで、運動能力の向上と体力の増進が期待でき、動きを調整する力を育むことで、危険を回避する力（危険回避能力）が高まります。

あそびの種類

《移動系》かけっこ（P.38）など
《非移動系》クマ歩き（P.20、31）／ワニ歩き（P.20）など
《操作系》カラーコーンジャンプ（P.51）など
《バランス系》鉄棒ぶら下がり（P.48）など

操作系運動 ➡P.67〜108

「投げる」「跳ぶ」「取る」など、ものに働きかけたり、操ったりする動きの運動のこと。ものの特性を理解し、自分とものとの距離感を把握することが求められます。

育つ能力

目と手、目と足、手と足など、2つ以上の部位を１つのまとまった動きにする協応性（P.9）を育み、正確かつ確実に動作を行うことができるようになります。

あそびの種類

《投げる》お手玉（P.91、92、94〜98）／ボール投げ（P.103、104、108）など
《跳ぶ》なわ跳び（P.83、84、86）など
《取る》スカーフ投げキャッチ（P.77）など

バランス系運動 ➡P.109～148

「渡る」「回る」「ころがる」など、バランスを取ったり、姿勢の安定を保ったりする運動のこと。動きながらバランスを取る**《動的平衡性》**と、その場でのバランスを取る**《静的平衡性》**の２つからなります。

育つ能力

体の姿勢を維持する力、くずれる体勢を立て直す力、それらの動きを可能にする体幹力、さらに自分の体と自分の周りの空間を把握する力が育ちます。

あそびの種類

《動的平衡性》ぐらぐらマット（P.110）／平均台歩き（P.117）／バランスボール歩き（P.134） など

《静的平衡性》バランスポーズ（P.115、116） など

集団・競争運動 ➡P.149～164

複数の子ども同士であそぶ運動、互いに競う運動のこと。集団・競争運動あそびを通して、他者への興味・関心、思いやりの心を育てます。

育つ能力

友達と競うことで闘争心を養い、協力して取り組むことで協調性や共感力を、またルールを理解して守ることで社会性やコミュニケーション力を育みます。

あそびの種類

オニごっこ／リレー競争／ボール送り／宝とり／大なわ跳び／パラバルーン／ハンカチ落とし／じゃんけん汽車作り など

プール運動 ➡P.165～175

水に触れ、その感触を楽しむ水あそびを通して、**「浮く」「もぐる」「泳ぐ」**につなげていく運動あそび。楽しみながら取り組むことで、水に対する抵抗感をなくしていきます。

育つ能力

水に慣れ親しむ力、もぐる、バブリング（呼吸）、浮く、浮いて進む感覚を養います。プールあそびを通して、決まりを守る力、話を聞く力、自立心を育みます。

あそびの種類

水かけっこ／電車ごっこ／オニごっこ／ワニ歩き／フープのトンネルくぐり／宝拾い／みんなでもぐりっこ／ぶくぶくパー(バブリング) など

3・4・5歳児の体の発達と特性

３歳～５歳の３年間で、子どもは身体的にも精神的にも大きく成長します。ここでは、各年齢の運動面での発達とともに、私が保育の現場で、出会った子どもたちのエピソードを交えて、心の成長を紹介します。

3歳児

運動機能が高まってくる時期

運動能力が育ち、**「歩く」「走る」「跳ぶ」「蹴る」「投げる」「よじ登る」などの基本運動がひと通りできる**ようになります。**自分の体を自分でコントロールして動かす機能**が育ち、様々な動きがスムーズに行えるようになります。一人ひとりがそれぞれ楽しむ**平行あそびが中心**になりますが、**順番を待ったり、友達と貸し借りしたりができるように**なってくる時期です。

この頃に挑戦できる運動

- ★両足ジャンプ
- ★つま先歩き
- ★片足立ち
- ★後ろに進む動き
- ★かかと歩き
- ★その場で
ケンケンジャンプ
- ★でんぐり返し

★Episode★

3歳児さんは成功体験を

小さな成功体験が大きな自信を生む

跳び箱からのジャンプができずにいたAちゃん。ある日、鉄棒のぶら下がりチャンピオンになりました。それからは、苦手なことにも挑戦できるＡちゃんになっていきました。あの日、鉄棒チャンピオンになれたことが自信になったようです。小さな「できた！」は、子どもの心のお守りになり、大きな「自信」となっていきます。どんな子も、何かのチャンピオンになれる要素を持っています。それは、運動面だけに限らず、精神面での「お話をしっかり聞けたチャンピオン」「ルールをしっかり守れたチャンピオン」「できなかったことに挑戦できたチャンピオン」。何でもよいのです。友達の前で、チャンピオンとして名前を呼び、ほめてください。子どもは、選ばれた喜びを胸に、次のチャレンジに取り組める力を育んでいきます。「誰でも、みんな、何かのチャンピオンにする！」。これが、私が指導で心がけていることの一つです。

4歳児

バランス感覚が高まってくる時期

体のバランスを取る能力、いわゆる**平衡感覚が高まる時期**です。動きに対して、**強弱・緩急・拍子の基礎が身につき、リズミカルに運動することができる**ようになってきます。△△しながら○○するといった**2種類の運動活動を同時に行えるようになり始める**のもこの時期です。また、**自我の確立**により、**プライドを持ち始める**ため、**勝ち負けにこだわる**ようになりますが、**ルールを守って、友達と一緒にあそぶ楽しさを覚え始めます。**

この頃に挑戦できる運動

- スキップ
- ケンケンジャンプ
- 壁足立ち5～10秒
- よじ登り
- 手押し車
- 鉄棒ぶら下がり15～20秒

★Episode★

4歳児さんの勘違い

おおいに勘違いをさせる

東京オリンピックが開催された2021年の夏、日本人選手が活躍した話を子どもたちとしました。その後の体操の時間、いつもは運動に消極的なA君が少し違って見えました。「今日のA君すごいね！」とほめたら、「僕、オリンピック選手になっちゃうかもしれないね！」と真顔で答えてくれました。彼の真剣な表情に、子どもの純粋さを再確認しました。あの時の彼は、一瞬であったかもしれませんが、本気で「オリンピック選手になれるかも！」と心から思えたんだと思います。それくらい、子どもの心は純粋で柔軟です。だからこそ、子どもの気持ちに寄り添い、よい意味での勘違いをさせていきたいと思っています。その勘違いが、なりたい自分に近づく一歩になると、私は信じています。

5歳児

運動能力が高まってくる時期

俊敏性の高まり、**平衡感覚の発達**など、運動能力も一段と正確さが増し、完成され、成熟した印象を受けるようになります。**目と脳と体の運動がスムーズに**なり、ボールやなわ跳びなどの**操作系運動スキルも巧みになってきます**。また、**他者の立場や気持ちに配慮できるように**なり、**感情をコントロールすることを覚え始め**、**競争・協力あそびが楽しめるように**なります。

この頃に挑戦できる運動

- ★腕支持運動
- ★なわ跳び
- ★キャッチボール
- ★ルールを理解して行うゲーム

運動が得意な子は、跳び箱や逆上がりに挑戦してみましょう！

★Episode★

5歳児さんは認める力を

友達を認める力を養って

ある日の体操の時間、綱引きをして負けたR君が、負けたことに対して、怒って泣いていました。一緒にペアを組んでいたHちゃんが、「負けたけど、R君の力すごかったね！」と言うと、R君は照れながら、うれしそうにうなずいていました。その日、子どもたちにこんな話をしました。「勝ち負けや、競争があるゲームは勝つ人と負ける人がいるね。いつも勝てるとは限らないし、負けることはダメなことじゃないんだよ。友達がいるから、競争ができるね。一人では競争はできないよね。だから、勝っても負けた友達を認めること。負けても、勝った友達を称えること。そういう気持ちを大切にしようね」。負けや失敗を楽しめる子は、また挑戦すればいいと思うことができます。負けること、失敗すること、できないことは、恥ずかしくも、ダメなことでもないんだと、子どもたちには運動あそびを通して伝えています。

運動にまつわる用語の解説

子どもが運動あそびを取り組む際に、幼児体育の専門的な用語を理解しておくことで、より知識や理解を深めることができます。

調整力

運動をバランスよく（平衡性）、すばやく（敏捷性）、巧みに（巧緻性）行う能力。

協応性

体の2つ以上の部位の運動を、1つのまとまった運動に融合したり、体の内外からの刺激に対応して運動する能力。

平衡性

体の姿勢を維持し、バランスを保つ能力のこと。動きながらバランスを取る「動的平衡性」と、静止した状態でバランスを取る「静的平衡性」に分けられる。

敏捷性

体をすばやく動かして方向を転換したり、刺激に対して反応したりする能力。

巧緻性

体を目的に合わせて正確に、すばやく、なめらかに動かす能力。器用さや巧みさのこと。

柔軟性

体の柔らかさのことで、体をいろいろな方向に曲げたり、伸ばしたりする能力。

リズム

音、拍子、動き、または無理のない美しい連続的動作を含む調子のこと。

リズム感覚

動きに関する感じ方のこと。

身体認識力

身体部分（手、足、ひざ、指、頭、背中など）とその動きを理解・認識する力。自分の体が、どのような姿勢になっているかを見極める力。

空間認知能力

自分の体と自己を取り巻く空間について知り、体と方向・位置関係（上下、左右、高低）を理解する能力。

操作系能力

投げる、蹴る、打つ、取るなど、ものに働きかけたり、操ったりする動きの技術。

筋 力

筋《すじ》が収縮することによって生じる力のこと。

瞬発力

「パワー」という言葉で用いられ、瞬間的に大きな力を出して運動する能力。

持久力

長時間継続して持ちこたえられる力。筋《すじ》の持久力と、全身的な運動を継続して行う呼吸・循環機能の持久力に分けられる。

スピード

物体を進行する速さのこと。

防衛体力

外界の刺激に打ち勝って、健康を維持していくための能力、抵抗力。

もくじ

PART① 基本運動あそび ※㋐のマークは、アレンジあそびを紹介しています。

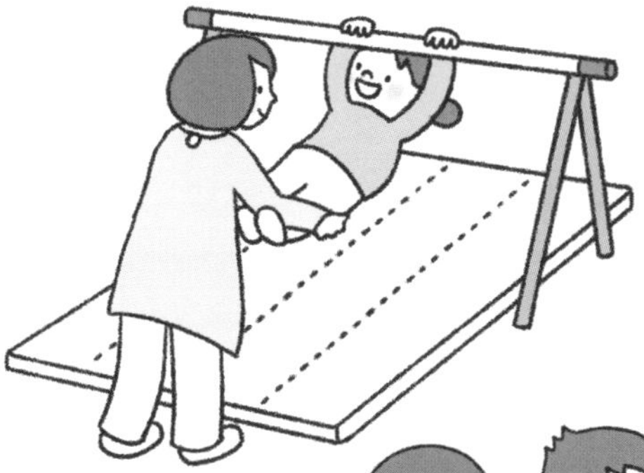

トン
トン
トン

PART② 操作系運動あそび

※㋐のマークは、アレンジあそびを紹介しています。

PART③ バランス系運動あそび

※㋐のマークは、アレンジあそびを紹介しています。

1
2
3
4

PART④ 集団・競争運動あそび ※㋐のマークは、アレンジあそびを紹介しています。

PART⑤ プール運動あそび ※㋐のマークは、アレンジあそびを紹介しています。

本書の使い方

対象 あそびの対象年齢の目安です。

人数 あそびを行える最小限の人数です。

身につく力 そのあそびを行うことで身につく能力を示しています。

本書で紹介しているあそびは、下記の5つのジャンルで構成しています。目的や用途に合わせて、参考にしてください。

- 基本運動あそび
- 操作系運動あそび
- バランス系運動あそび
- 集団・競争運動あそび
- プール運動あそび

えんぴつコロコロ

対象 5歳〜　人数 1人〜　身につく力 ▶ 筋力 平衡性 空間認知能力　鍛えられる体幹 ▶ お腹 背中 腰

道具 マット・ボール

ねらい
●手足を伸ばす、ボールを持つなど、難易度を上げながら回転運動を楽しみます。

保育のPoint
※「○○ちゃんのえんぴつ、かっこいいね！」など、運動がより楽しくなる言葉かけをしましょう。
※手足を伸ばせなくても、「ころころ、楽しいね♪」などと声をかけて、回転を楽しめるようにします。

あそび方 「えんぴつ、ピーン」と声をかけたら、体と手足をピンと伸ばしてマットをころがります。
レベルアップとして、手や足をつけずに回る方法にもチャレンジしてみましょう。

運動が苦手な子へのサポート
●手足を伸ばしながらの回転が難しい場合は、ボールを抱えた運動などに変えて行います。同じ運動でなくても、同じ運動要素を取り入れてアレンジすればOKです。

アレンジあそび1 **ボールを持って回転**
ボールを頭の上で両手で持ち、そのままマットをころがります。

アレンジあそび2 **ボールを足に挟んで回転**
ボールを両足で挟み、そのままマットをころがります。

24

お尻歩きでいろいろポーズ

対象 3歳〜　人数 1人〜　身につく力 ▶ 筋力 柔軟性 調整力　鍛えられる体幹 ▶ お腹 背中 腰 太もも

①基本運動あそび

道具 なし

ねらい
●体を使っていろいろなポーズを取ることを楽しみます。

保育のPoint
※ポーズをしたとき、保育者は子ども一人ひとりを見て、アイコンタクトで「できてるよ！」と伝えましょう。
※ポーズのときは動かないルールですが、少しぐらついてもOKです。

あそび方 音楽を流し、リズムに合わせていろいろなポーズを取ります。

①お尻を床につけ、左右のひざを交互に曲げ伸ばししながら前進します。

▲片手バランス　▲トンボ　▲V字バランス　▲プランク

②音楽が止まったらその場で止まり、保育者が「ポーズ、ポーズ」と声をかけて、見本のポーズをします。

③保育者と同じポーズをして、そのまま8秒ほど静止します。

運動が苦手な子へのサポート
●バランスが取れず、できない場合は、手をついて行うなど、見本のポーズと少し違ってもOKです。その子が取り組みやすいポーズから挑戦できるようにしましょう。

⚠ ほかの子とぶつからないように、子ども自身が気をつけて動けるように声かけをしましょう。

25

アレンジあそび

メインで紹介しているあそびのアレンジ案です。動き方やルールなどを変えることで、違った楽しみ方ができます。

⚠注意

けがや事故を防ぐために、特に注意が必要なことや心がけたいことを記載しています。

運動が苦手な子へのサポート

実際に活動を行う際、運動が苦手な子がいる場合の対応策や代替案などを記載しています。

道具　あそびで使用する用具や遊具を紹介しています。

ねらい　あそびの目的やテーマ、あそぶための具体的な目標などを示しています。

あそび方　あそびの手順やルール、環境設定などを示しています。

あそびを行うことで、実際に体のどの部分の体幹が効果的に鍛えられるのかを、下記の5つのアイコンで示しています。

※体幹を鍛えるトレーニングには下半身の安定が不可欠なので、太ももも鍛えます。

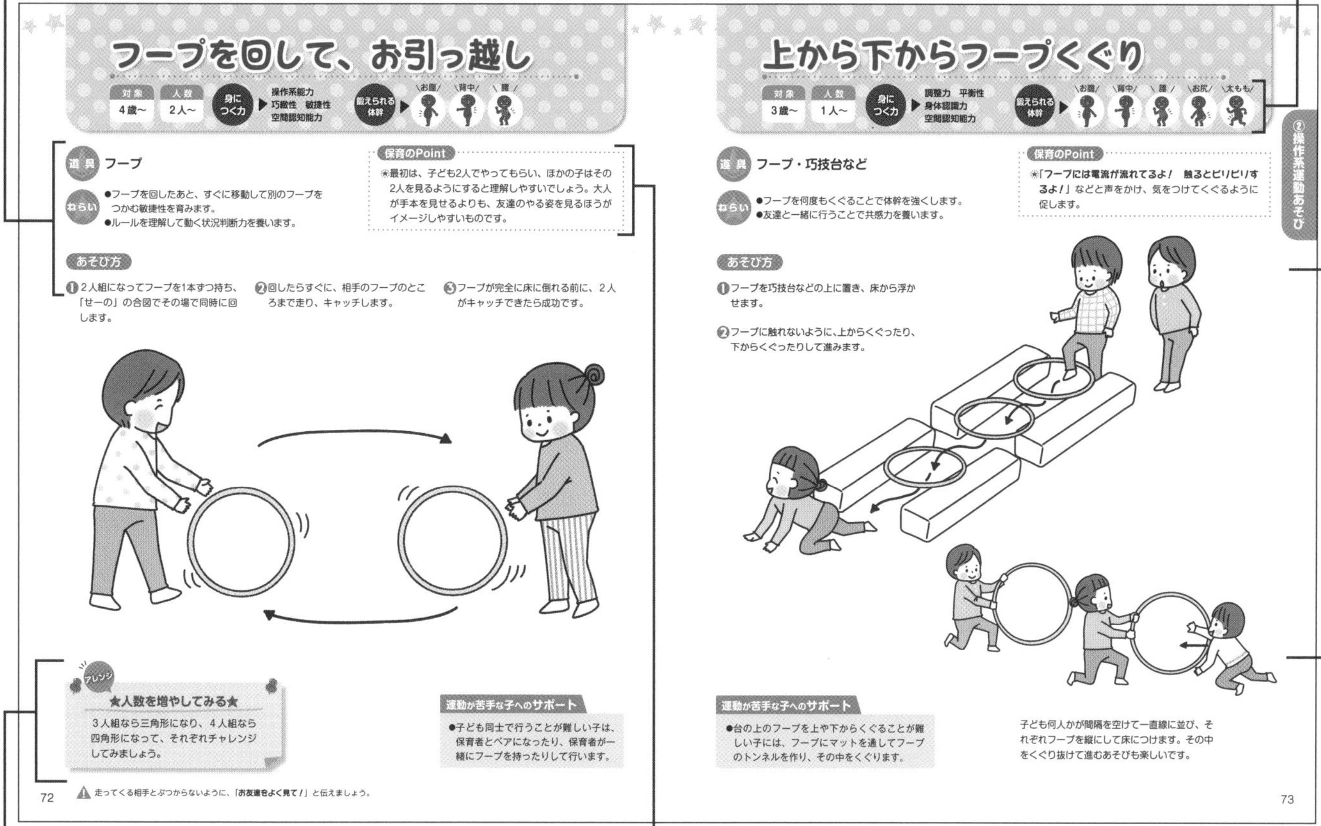

フープを回して、お引っ越し

対象 4歳～　人数 2人～　身につく力 ▶ 操作系能力 巧緻性 敏捷性 空間認知能力　鍛えられる体幹 ▶ \お腹/ \背中/ \腰/

道具 フープ

ねらい
●フープを回したあと、すぐに移動して別のフープをつかむ敏捷性を育みます。
●ルールを理解して動く状況判断力を養います。

保育のPoint
※最初は、子ども2人でやってもらい、ほかの子はその2人を見るようにすると理解しやすいでしょう。大人が手本を見せるよりも、友達のやる姿を見るほうがイメージしやすいものです。

あそび方
❶2人組になってフープを1本ずつ持ち、「せーの」の合図でその場で同時に回します。
❷回したらすぐに、相手のフープのところまで走り、キャッチします。
❸フープが完全に床に倒れる前に、2人がキャッチできたら成功です。

アレンジ
★人数を増やしてみる★
3人組なら三角形になり、4人組なら四角形になって、それぞれチャレンジしてみましょう。

運動が苦手な子へのサポート
●子ども同士で行うことが難しい子は、保育者とペアになったり、保育者が一緒にフープを持ったりして行います。

⚠ 走ってくる相手とぶつからないように、「**お友達をよく見て！**」と伝えましょう。

72

上から下からフープくぐり

対象 3歳～　人数 1人～　身につく力 ▶ 調整力 平衡性 身体認識力 空間認知能力　鍛えられる体幹 ▶ \お腹/ \背中/ \腰/ \お尻/ \太もも/

道具 フープ・巧技台など

ねらい
●フープを何度もくぐることで体幹を強くします。
●友達と一緒に行うことで共感力を養います。

保育のPoint
※「**フープには電流が流れてるよ！　触るとビリビリするよ！**」などと声をかけ、気をつけてくぐるように促します。

あそび方
❶フープを巧技台などの上に置き、床から浮かせます。
❷フープに触れないように、上からくぐったり、下からくぐったりして進みます。

運動が苦手な子へのサポート
●台の上のフープを上や下からくぐることが難しい子には、フープにマットを通してフープのトンネルを作り、その中をくぐります。

子ども何人かが間隔を空けて一直線に並び、それぞれフープを縦にして床につけます。その中をくぐり抜けて進むあそびも楽しいです。

73

②操作系運動あそび

保育のPoint
あそびを通して、保育者が心がけたいことや、子どもへのサポートのしかた、コツなどを紹介しています。

あそびをするうえでのアドバイスや補足説明、関連するアレンジのアイデアなども紹介しています。

あそびのプロセスとともに、体の動し方などを、イラストを使ってわかりやすく紹介しています。

はじめに

　この本を手に取って下さり、ありがとうございます。
　初めまして、子どもの運動あそび専門家・幼児体育指導者の倉上千恵と申します。

　子どもの体作り、心作り、笑顔作りのエキスパートを目指して20年以上になります。
「楽しい」「楽しくない」「やる」「やらない」「好き」「嫌い」を本音でぶつけてくる子どもたち。まっすぐに見つめる輝いた目、いろいろなことを感じる柔らかな心、子どもらしい感性で発せられる言葉などに触れるたび、子どもに関わる仕事の奥深さとおもしろさを日々感じています。

　心だけでなく、体の基盤が作られる幼児期の運動経験が、その子の運動能力の素地になると言われています。
　幼児期の運動あそびは、何かを習得するための運動ではなく、
「ただただ、楽しい！」あそびの延長にあることが望ましいと考えています。楽しく体を使ったあそびを積み上げてきた先に、跳び箱や鉄棒に挑戦できる体の素地が作られるのです。

　まずは、子どもと一緒に遊具も何も使わずに、体だけであそんでみてください。普段の体あそびが、じつは体幹を作る運動あそびとなっていることもあるのです。子どもの頃から運動が好きな人は、大人になっても運動好きな人が多く、健康三大要素の一つ「運動」習慣へのハードルが低くなると言われています。子どもたちの今と未来のためにも、「運動が好き！」のきっかけ作りを大切にしていきたいと思います。

　私が長年、日々の現場で取り組んできた、体幹を育てる運動あそびを一冊の本にまとめる機会をいただきました。どのあそびプランも、実際に子どもたちと行っているものばかりです。まずは、気になるあそびから子どもと一緒に楽しんでみてください。

　体幹あそびを通して、一人でも多くの「運動が好きな子ども」が増えることを願っています。

　最後に、今回の出版にあたり、池田書店さんをはじめ、イラストレーターさんやデザイナーさん、編集プロダクションさん、青木さんと、多くの方にご尽力いただきましたこと、心から感謝申し上げます。

MITTE KIDS（ミットキッズ）
倉上 千恵

PART①

基本 運動あそび

歩く、走る、はう、転がる、跳ぶなど、運動の基本となる動作スキルを取り入れた運動あそびです。様々な動きを多く経験することで、体の使い方、体の運び方、受け身の姿勢を学んでいきます。基本運動あそびを通して、体作りの基盤を作っていきましょう。

動物さんぽ

対象	人数
3歳～	1人～

身につく力 ▶ 筋力 協応性 身体認識力

鍛えられる体幹 ▶ \お腹/ \背中/ \腰/ \太もも/

道具 マット

ねらい

- 様々な動物の動きで全身運動を促します。
- 自分の体を思いどおりに動かせるよう、ボディイメージ（頭で認識する自分の体のイメージ）を育みます。
- 音楽が鳴ったら動き、止まったら動作を止めるという音への反応運動を促します。

保育のPoint

- 動物のイメージに合う音楽を選んだり、ピアノで強弱をつけたりすることで子どもの気分が盛り上がります。
- 後ろ歩きを行うことで、後方の空間を意識することができ、空間認知能力が育まれます。
- 3歳くらいでは難しいですが、正しいフォームでなくても動きを楽しめるようにしましょう。

あそび方 音楽やピアノ演奏に合わせて、指示された動物に変身してコースを回ります。音楽が止まったらストップ。後ろ歩きもします。

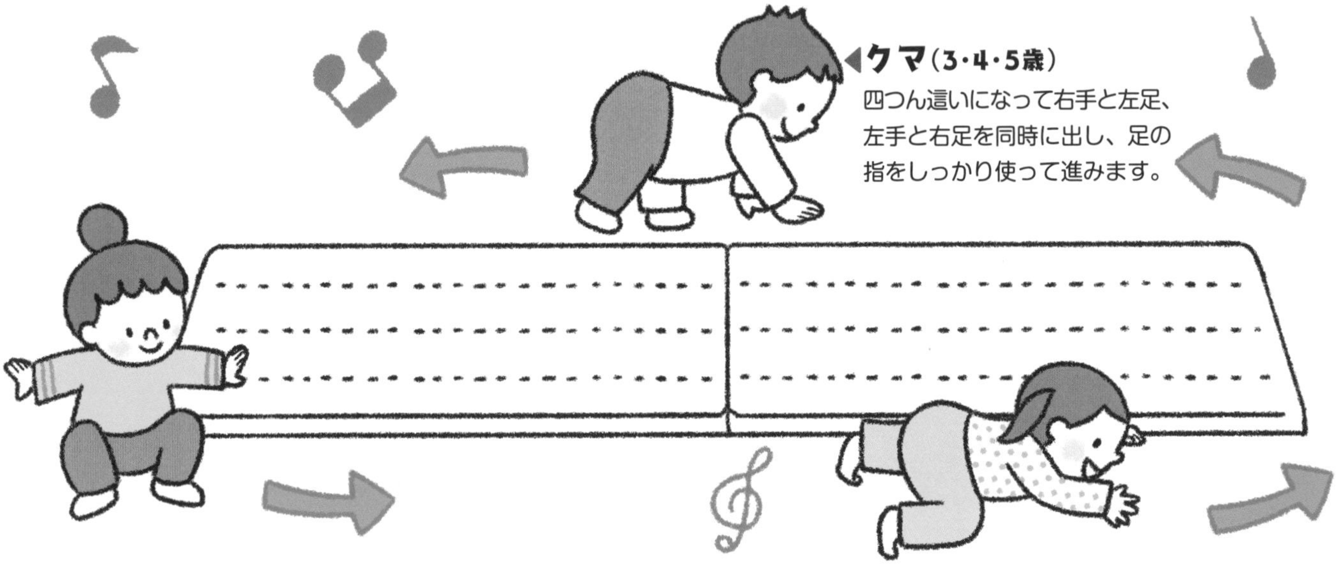

クマ（3・4・5歳）
四つん這いになって右手と左足、左手と右足を同時に出し、足の指をしっかり使って進みます。

アヒル（3・4・5歳）
しゃがんだ姿勢で背中を伸ばして歩きます。慣れてきたら、かかとを上げます。

ワニ（3・4・5歳）
うつぶせになり、両手を広げながら足で地面を蹴って前へ進みます。

⚠ 低年齢児は小さく回れないので、遊具を壁から離したり、ほかのコースとの間隔を空けたりするなど、ぶつからないようにコースを作りましょう。

アレンジあそび 1

キリン（3・4・5歳）

キリンの首のように両手をまっすぐ上に上げ、つま先で歩きます。

アレンジあそび 2

クモ（4・5歳）

あおむけに寝転んで両手を床につき、お尻を上げて歩きます。

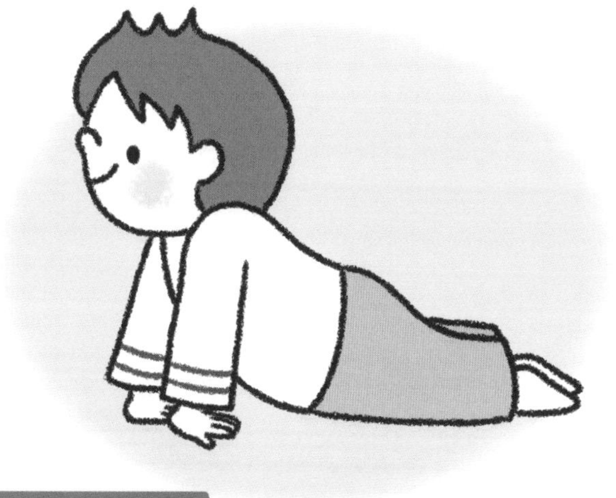

アレンジあそび 3

オットセイ（5歳）

うつぶせで寝転がり、両足を伸ばして腕の力だけで前へ進みます。

運動が苦手な子へのサポート

●音に反応して動くことが難しい場合は、普通に歩くことから始めます。次に、音楽が止まったら、「**止〜ま〜れ**」「**ストップ〜**」などの声かけをして止まるようにします。慣れてきたら、笛の合図や音楽だけで止まれるようにしましょう。

おいもコロコロ

対象 3歳〜　**人数** 1人〜

身につく力 ▶ 平衡性　身体認識力　空間認知能力

鍛えられる体幹 ▶

道具 マット

ねらい
●平らなマットの上で、体を横に回転させる動きを覚えます。

保育のPoint
※音楽がストップしたときに保育者が「**しーっ**」と声をかけ、子どもは止まって寝たふりをするとさらに楽しめます。

あそび方 音楽をかけて行います。平らなマットの上で体をまっすぐにして、マットからはみ出さないようにころがります。音楽が止まったらころがるのをやめて、音楽がかかったら再びころがります。右回りと左回り、一方で両方行います。終わったら、マットの外を通って交代します。

さつまいもコロコロ
手足は自分の好きな位置でころがります。

じゃがいもコロコロ
手でひざを抱えてころがります。

アレンジあそび

ゴロゴロピッカーン！

マットの上であおむけに寝ます。保育者がカミナリ役になり、「**ゴロゴロ、ピッカーン！**」と言ったら、子どもは反転してうつぶせになり、おへそを隠します。「〜、ピーナッツ！」と引っかけあそびをしながらやってみると盛り上がります。

運動が苦手な子へのサポート
●自分で回れない子には、体を回し始めるときに軽く押して回転のきっかけを作ります。

⚠ 子どもたちの頭の方向をそろえ、足と頭がぶつからないようにしましょう。

でこぼこマット越え

対象	人数
4歳～	1人～

身につく力 ▶ 平衡性
身体認識力

鍛えられる体幹 ▶

道具 マット・ボール・跳び箱や巧技台など

ねらい

●障害物を乗り越えながら回転して進みます。
●なかなか進めないとき、どうすればよいかを考えながら体を動かします。
●障害物をなかなか越えられないことも楽しみます。

あそび方 **マットの下に、ボールや跳び箱、巧技台などを置いてでこぼこを作り、その上を回転運動で進んでいきます。**

保育のPoint

※障害物をなかなか越えられないときは、「**越え～て！越えて！ が～んばれ！**」などと声かけをして、子どもの『楽しい』を引き出しましょう。

※はじめは1人で挑戦させて、どうしても乗り越えられないときは「**ころころ♪ え～いや！**」などと声をかけて、少し補助します。

※体をくすぐったり触れたりしながら、回転していく子どもとスキンシップをはかります。

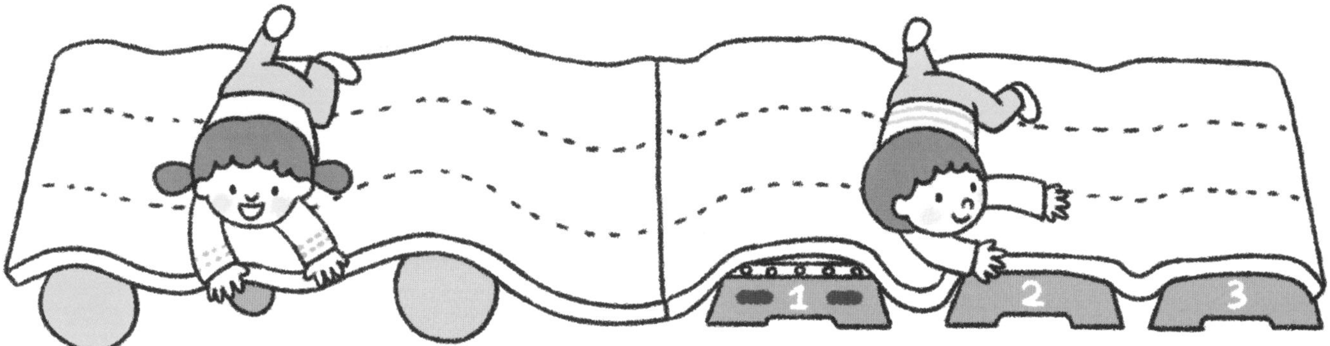

▲
ボール
いろいろな大きさのボールで、大小のでこぼこを作っても楽しめます。

▲
跳び箱・巧技台
跳び箱は1段ずつばらしたり、重ねたりして使います。

アレンジあそび

坂道ころがり

跳び箱にロイター板（踏み切り板）をかけて坂道を作ります。坂を回転しながらころがるのも楽しいです。

運動が苦手な子へのサポート

●高い障害物を乗り越えられない子には、障害物を低くして、でこぼこの上をころがる楽しさや、『できた！』という達成感を味わえるようにします。

⚠ 腕が体の下に入ったまま進もうとすると肩を痛めるので、無理に進ませないように注意します。また、子ども同士の間隔を十分に空けて、重なり合わないようにしましょう。

えんぴつコロコロ

対象	人数
5歳～	1人～

身につく力 ▶ 筋力
平衡性
空間認知能力

鍛えられる体幹 ▶

道具 マット・ボール

ねらい ●手足を伸ばす、ボールを持つなど、難易度を上げながら回転運動を楽しみます。

保育のPoint

※「**〇〇ちゃんのえんぴつ、かっこいいね！**」など、運動がより楽しくなる言葉かけをしましょう。

※手足を伸ばせなくても、「**ころころ、楽しいね♪**」などと声をかけて、回転を楽しめるようにします。

あそび方 「えんぴつ、ピーン」と声をかけたら、体と手足をピンと伸ばしてマットをころがります。
レベルアップとして、手や足をつけずに回る方法にもチャレンジしてみましょう。

運動が苦手な子へのサポート

●手足を伸ばしながらの回転が難しい場合は、ボールを抱えた運動などに変えて行います。同じ運動でなくても、同じ運動要素を取り入れてアレンジすればOKです。

アレンジあそび 1

ボールを持って回転

ボールを頭の上で両手で持ち、そのままマットをころがります。

アレンジあそび 2

ボールを足に挟んで回転

ボールを両足で挟み、そのままマットをころがります。

お尻歩きでいろいろポーズ

対象	人数	身につく力	鍛えられる体幹
3歳～	1人～	筋力 柔軟性 調整力	お腹 背中 腰 太もも

道具 なし

ねらい
●体を使っていろいろなポーズを取ることを楽しみます。

保育のPoint

✳ポーズをしたとき、保育者は子ども一人ひとりを見て、アイコンタクトで「**できてるよ！**」と伝えましょう。

✳ポーズのときは動かないルールですが、少しぐらついてもOKです。

あそび方 音楽を流し、リズムに合わせていろいろなポーズを取ります。

❶お尻を床につけ、左右のひざを交互に曲げ伸ばししながら前進します。

▲片手バランス

▲トンボ

▲V字バランス

▲プランク

❷音楽が止まったらその場で止まり、保育者が「**ポーズ、ポーズ**」と声をかけて、見本のポーズをします。

❸保育者と同じポーズをして、そのまま8秒ほど静止します。

運動が苦手な子へのサポート

●バランスが取れず、できない場合は、手をついて行うなど、見本のポーズと少し違ってもOKです。その子が取り組みやすいポーズから挑戦できるようにしましょう。

⚠ ほかの子とぶつからないように、子ども自身が気をつけて動けるように声かけをしましょう。

壁逆立ち

対象 3歳～

人数 1人～

身につく力 ▶ 逆さ感覚 身体認識力 筋力

鍛えられる体幹 ▶

道具 マット

ねらい ●自分の体を腕で支える感覚と、体が逆さまになる感覚を養います。

あそび方 **足の裏を使って姿勢を保つ運動です。**

保育のPoint

※腕の力が十分についていることを確かめてから行いましょう。

※はじめは足の位置を低くしてOKです。

※足の裏をしっかり使うことがコツなので、「**足の裏でのぼっていくよー**」と声をかけます。

※最初は3秒、次は5秒と少しずつ時間を延ばしていきましょう。

❶壁ぎわにマットを敷いて壁を背にして立ち、床に手をつきます。

❷足で壁をのぼって逆立ちに近い姿勢になります。10秒数えたら、片足ずつ床におろします。

運動が苦手な子へのサポート

●逆さになることを怖がる子には、保育者が片ひざをつき、子どものお腹の下にひざを入れて支えてあげると安心して取り組めます。

⚠ 足を床におろす際、両足を急いでおろすと顔を打つなどすることがあるので、片足ずつゆっくりおろすように伝えましょう。

アレンジあそび 1

片手タッチ（4歳～）

壁逆立ちで、片手ずつ床から離してもう一方の手にタッチします。

アレンジあそび 2

ひじタッチ（5歳）

壁逆立ちで、片手を床から離してもう一方のひじにタッチします。

アレンジあそび 3

壁移動（5歳）

壁逆立ちをしたまま、手と足を少しずつずらして横に歩きます。最初はマットを1枚分、慣れてきたらもっと長く進んでみましょう。

走って、うつぶせ

対象	人数
4歳～	1人～

身につく力 ▶ 全身運動 平衡性 敏捷性

鍛えられる体幹 ▶

道具 **マット**（コーン、なわ等でコースを作ってもよい）・**笛、タンブリンなど合図を出すもの**

ねらい ●すばやくうつぶせになる身のこなし方を覚えます。この動きに慣れることで、倒れる前に手をつく“受け身”が上手になります。

保育のPoint

※うつぶせの姿勢を取るのが怖いと感じる子もいるので、慣れるまではゆっくり行います。

※笛の合図は、はじめのうちは「ピッピッピー」とゆっくり吹き、慣れてきたら「ピピー」と速く吹くようにします。

あそび方

❶音楽を流し、マットの周りを全力で走ります。

❷音楽が止まったら保育者が笛などで合図をし、その場ですばやくうつぶせになります。

すべりこむ、倒れる感覚を楽しみましょう。慣れてきたら、スライディングをして前方に倒れるようになります。

★聴覚過敏の子への声かけ★

聴覚過敏の子どもがいるときは、笛などを使わずに、声だけで合図をします。このあそびでは、「**走って1、2、走って1、2**」「**ピッピッピーでお腹、下**」など、わかりやすい言葉かけをしましょう。

アレンジあそび

走る→うつぶせ→ワニ歩き

「走って、うつぶせになる」を繰り返します。繰り返し行うことで、お腹と背中の力をつけます。

⚠ しっかり手をつかないと顔を打つことがあるので、「**手をつくよ**」と声かけをしましょう。

スキップから、あおむけ

対象	人数
5歳〜	1人〜

身につく力 ▶ 全身運動 平衡性 敏捷性 リズム感覚

鍛えられる体幹 ▶ \お腹/ \背中/ \腰/ \太もも/

道具 マット（コーン、なわ等でコースを作ってもよい）・笛やタンブリンなど合図を出すもの

ねらい
- ●リズム運動のあと、笛などの合図ですばやくあおむけに寝る、動（興奮）と静（抑制）の組み合わせ運動です。
- ●すばやく姿勢を変えることで、体の軸を作ります。

保育のPoint

☀このあそびを始める前に、音の合図で立った状態からあおむけになるあそびを行ってもよいでしょう。

あそび方

❶ピアノや音楽に合わせて、マットの周りを元気にスキップします。

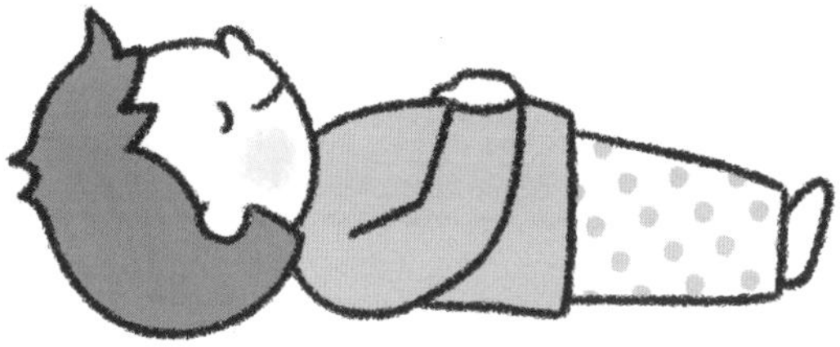

❷笛やタンブリンの合図で止まり、素早くあおむけに寝ます。

❸そのまま目をつぶって寝たふりをし、保育者は「**寝てるのかな？**」と言ってくすぐります。

運動が苦手な子へのサポート

●スキップができない子には、保育者が手をつないで、「**ひざ上、ひざ上**」と声をかけながらスキップすると、コツをつかみやすくなります。保育者2人が左右に立って手をつなぐと、より効果的です。

⚠ あおむけになるとき、勢い余って頭を打たないように気をつけます。子どもが興奮しすぎないように注意しましょう。

走って、しゃがんで、アヒルのポーズ

対象	人数
3歳～	1人～

身につく力 ▶ 全身運動 平衡性 敏捷性

鍛えられる体幹 ▶

道具 **マット**（コーン、なわ等でコースを作ってもよい）

ねらい
- ●動（走る）から静（しゃがむ）へ、合図で動きを切り替える運動です。
- ●背筋を伸ばしてしゃがんだ姿勢でバランスを取ることを覚えます。

保育のPoint

※アヒルのポーズだけでなく、ときどき他の動物のポーズをしてみるのもおすすめです。

あそび方

❶音楽を流し、マットの周りを全力で走ります。

❷音楽が止まったら、その場ですばやくしゃがみます。

❸**「アヒルにアヒルに変し～ん！」**のかけ声で、かかとを上げ、両腕を伸ばしてアヒルのポーズをします。

❹ポーズを保ったまま、アヒル歩きでマットの周りを散歩します。

アヒルのポーズは、かかとを上げて背中を伸ばし、しっかりと前を見ることがポイントです。

運動が苦手な子へのサポート

- ●アヒルのポーズが難しい場合は、しゃがむだけや、保育者が支えるなどします。

⚠ 反対方向に走らないように注意し、子ども同士がぶつからないようにしましょう。

クマさん、いろいろ歩き

対象 3歳～　人数 1人～

身につく力 ▶ 腕の支持力 身体認識力 空間認知能力

鍛えられる体幹 ▶ お腹 背中 腰 太もも

道具 フープ・カラーコーン・なわ・ラダー

ねらい ●ひざをつけずに両手両足で歩くクマ歩きをしながら、いろいろなコースに応じた体の動かし方が身につきます。

保育のPoint

※楽しい音楽をかけて子どもの気持ちを盛り上げます。

※遊具を子どもたちで設置すれば、創造力や社会性を育むことにつながります。

あそび方

❶両手両足を床につけて、クマの姿勢になります。

❷いろいろな遊具で作ったコースで、遊具に触れないようにしてクマ歩きをします。後ろ歩きにも挑戦してみましょう。

コース別のあそび方

フープ
フープには触れずに、フープの中を歩きます。

ラダー
縦横には触れずに、中を歩きます。

なわ
なわで作ったコースに沿って歩きます。

カラーコーン①
1列に並べたカラーコーンの間をジグザグに歩きます。

カラーコーン②
部屋中にカラーコーンを置き、子どもは自分の好きなコースを見つけて、コーンとコーンの間を通ります。

運動が苦手な子へのサポート

●いろいろなコースに対応することが難しい場合は、一直線に置いたなわの上をクマ歩きすることから始めます。距離を短くしたり、次のコースとの間を空けるなどの工夫もしてみましょう。

●クマ歩きをするのが難しい子は、両ひざをついて歩くだけでも、体幹を強くすることに役立ちます。

⚠ ひざが内側に入ってしまう子や、首が下がってしまう子には、声をかけたり、正しい手本を見せたりしましょう。

いろいろフープかけっこ

対象：3歳〜　人数：1人〜

身につく力 ▶ リズム感、敏捷性、身体認識力

鍛えられる体幹 ▶

道具 フープ

ねらい ●フープの配置に合わせ、リズムよく走れるように取り組みます。

保育のPoint

※保育者は手をたたくなどして、子どもがリズミカルに走れるようサポートします。

※同じ配置でフープを2セット並べ、2人の子が同時に行うと、2人が同じリズムで走っている感覚を楽しめます。

あそび方 フープをいろいろな配置で並べ、フープの中に片足ずつ入れながらリズムよく走ります。

まっすぐ1列にフープを並べ、保育者は「トン、トン、トン、トン！」と言いながら手をたたき、リズムをつかませます。

運動が苦手な子へのサポート

●リズムを取るのが難しい子には、フープに左右交互で足を入れながら歩くことから始めます。フープには足が触れないようにしましょう。

●ゆっくりでも走れそうな場合は、手をたたくリズムをゆっくりにしてみましょう。

⚠ 勢い余ってフープに乗ってころばないように注意しましょう。

アレンジあそび 1

落とし穴

まっすぐ1列でところどころフープを置かない“落とし穴”を作り、そこに足をつかないように飛び越えます。

アレンジあそび 2

ジグザグ並べ

フープをジグザグに並べ、右側のフープは右足、左側には左足を入れます。体幹の強い子は、左右に動いても外側に振られずに進めます。

アレンジあそび 3

後ろ向き走り

フープをまっすぐ1列に並べ、後ろ向きでフープの中を歩きます。慣れてきたら走ってみましょう。

アレンジあそび 4

カーブ並べ

フープをカーブを描くように並べ、フープの中を走ります。

フープ両足ジャンプ

対象	人数
3歳～	1人～

身につく力 ▶ リズム感 平衡性 調整力

鍛えられる体幹 ▶ \お腹/ \ 腰 / \お尻/ \太もも/

道具 フープ

ねらい
●両足でリズムよく連続ジャンプをする体の使い方を身につけます。両足ジャンプが身につくと、短なわの両足跳びや、跳び箱の踏み切りがスムーズにできるようになります。

あそび方 **フープをいろいろな配置で並べ、フープの中に両足を入れて連続ジャンプをします。**

保育のPoint

※フープを置く間隔は子どもの能力に合わせて調整します。

※かかとをつけずに、つま先でジャンプすることがコツです。前のめりになりすぎないように、つま先でバランスを取りながら、背筋を伸ばして跳ぶようにします。

※かかとをつけてジャンプするとドタドタ音がするので、**「忍者ジャンプをするよ」**などと声をかけて、つま先を使えるように促します。

フープをまっすぐ1列に並べてあそびます。

運動が苦手な子へのサポート

●両足ジャンプが難しい場合は、保育者が手をつないで一緒にジャンプします。

⚠ フープの上に乗ってころばないように注意しましょう。

アレンジあそび 1

両足ジグザグ

ジグザグに並べて、どのフープにも両足を入れます。

アレンジあそび 2

後ろ両足ジャンプ

まっすぐ1列に並べ、後ろ向きに両足でフープをジャンプします。

アレンジあそび 3

両足横ジャンプ

カギ形に並べて、両足で横ジャンプと前ジャンプをしながらフープを進みます。

アレンジあそび 4

自由コース

子ども自身がコースを考えてフープを並べ、両足でジャンプして進みます。

走ってくぐろう

対象	人数
3歳～	1人～

身につく力 ▶ 敏捷性・持久力・スピード・空間認知能力

鍛えられる体幹 ▶

道具 マット・短なわ

ねらい
- 2つのことを同時に行う運動に取り組めます。
- 屈伸をすることで足腰が強くなります。

保育のPoint

※くぐることを忘れて、走り抜けてしまう子もいるので、「**上げて、くぐる♬**」などの声かけをし、くぐることを子どもに意識させます。

※はじめは手をつないでくぐってもOKです。慣れてきたら、「**手もおひざもつかずにくぐれるかな～?**」と声かけします。

あそび方 **保育者が持っているなわの下を、かがみながらすばやく走り抜けます。くぐるときは、できるだけ手をつかないようにします。**

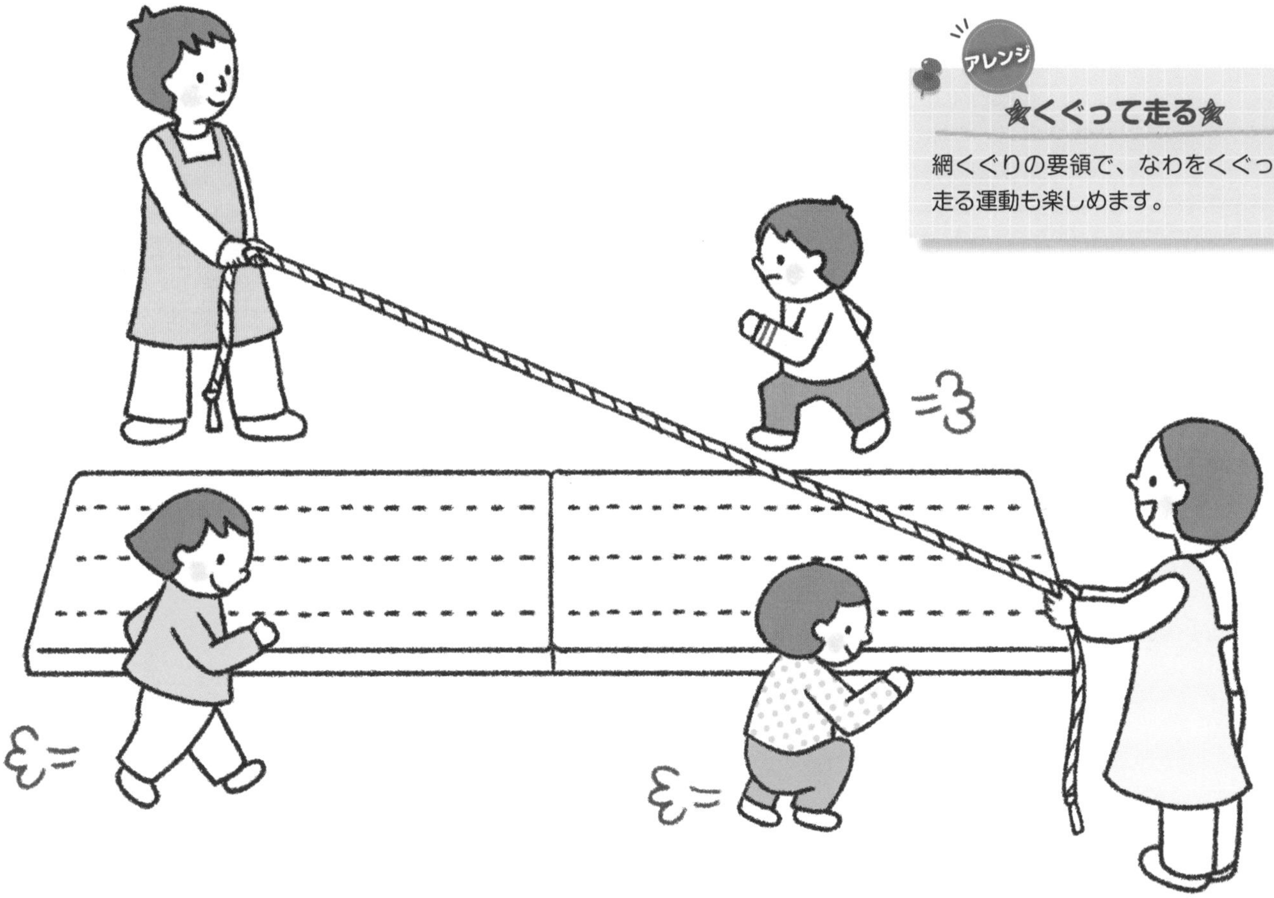

アレンジ

★くぐって走る★

網くぐりの要領で、なわをくぐって走る運動も楽しめます。

運動が苦手な子へのサポート

- ゆっくり走っても、くぐるときに手をついたりしてもよいので、本人のペースで取り組めるようにします。

⚠ 後ろを走っている子が前を走る子にぶつからないように、「**前をよく見るよ**」「**ぶつからなかった人はチャンピオンだよ**」などと声をかけましょう。

バクダンころがし

対象	人数
3歳〜	1人〜

身につく力 ▶ 筋力 柔軟性 平衡性

鍛えられる体幹 ▶

道具 マット・ボール

ねらい
- ●背筋、腹筋が強くなります。
- ●ボールのタイミングに合わせた動きを覚えます。

保育のPoint

※足上げのとき、はじめは両手を後ろにつきますが、慣れてきたら手をつけずに足を上げます。

※3・4歳は小さめのボールで行い、5歳は中くらいのボールを使って腕や足をより高く上げます。

あそび方

マットに1列にうつぶせで寝ます。保育者がボールをころがし、子どもたちはボールが来たら顔と両腕を上げてボールを通し、当たらないようにします。ボールに当たって途中で止まったら、そこからころがし直します。

アレンジあそび

足上げバクダンころがし

足を前に伸ばして1列に座ります。保育者がボールをころがし、ボールが来たら両足を上げてボールを通します。

いろいろかけっこ

対象　3歳～

人数　1人～

身につく力 ▶ スピード　敏捷性　空間認知能力

鍛えられる体幹 ▶

道具　カラーコーン

ねらい
- 目標物に対して正確に体を動かす力を養います。
- さまざまな走り方を覚え、考えて行動する力を育みます。

保育のPoint

☀コースを設定したら、まずは保育者がコースをゆっくり歩いて通る道を見せます。見るという視覚からの情報を得ることで、子どもはイメージして行動しやすくなります。

あそび方　カラーコーンの間をジグザグに抜けて走ります。

アレンジあそび 1

門くぐりかけっこ

カラーコーンを2列、ジグザグに配置し、その間を走ります。

⚠ 一人ひとりが違う方向に走るコースもあるので、ぶつからないように注意します。

アレンジあそび 2

タッチで後ろ走り

①カラーコーンを1列に並べます。1つ目のカラーコーンにタッチしたら、後ろ走りでスタート地点に戻ります。
②2つ目のカラーコーンまで走ってタッチしたら、再び後ろ走りで戻ります。
③3つ目のカラーコーンも同様に繰り返します。カラーコーンの数は状況に合わせて調整しましょう。

アレンジあそび 3

いろいろカラーコーン

①数種類の色のコーンをランダムに並べます。
②保育者が「**青、青、緑、ゴー!**」などと指示を出したら、その色の順番どおりにコーンからコーンへ走ってタッチし、スタート地点に戻ります。

★指示を聞いて行動する★

アレンジあそび3の「いろいろカラーコーン」は、「指示運動」と呼ばれるもので、指示されたことをしっかり聞いて行動に移すのがねらいです。

運動が苦手な子へのサポート

●コースがわからない子は、保育者が手をつないで一緒に走るか、保育者のあとを追いかけるようにして参加します。

後ろも同じ！

対象：3歳〜　人数：1人〜

身につく力 ▶ 調整力／リズム感覚／空間認知能力

鍛えられる体幹 ▶ お腹／背中／腰

道具 マット

ねらい
- ●前進と後退の切り替え運動をスムーズに行います。
- ●さまざまな基本運動を後ろ方向に行うことで、空間認知能力を高めます。

保育のPoint

※はじめのうちは、前進をじっくり行ってから後退を行うようにします。慣れてきたら、後退をメインにしてたくさん行います。

※難易度は、歩く→走る→ジャンプ→スキップの順に上がります。

あそび方

❶「**歩いて1、2、1、2……ストップ！**」の声に合わせて前へ歩き、止まります。

❷止まったら、すぐに「**後ろへ1、2、1、2……**」と声をかけ、後ろ向きに歩きます。ジャンプ、走る、スキップでも同様に行います。

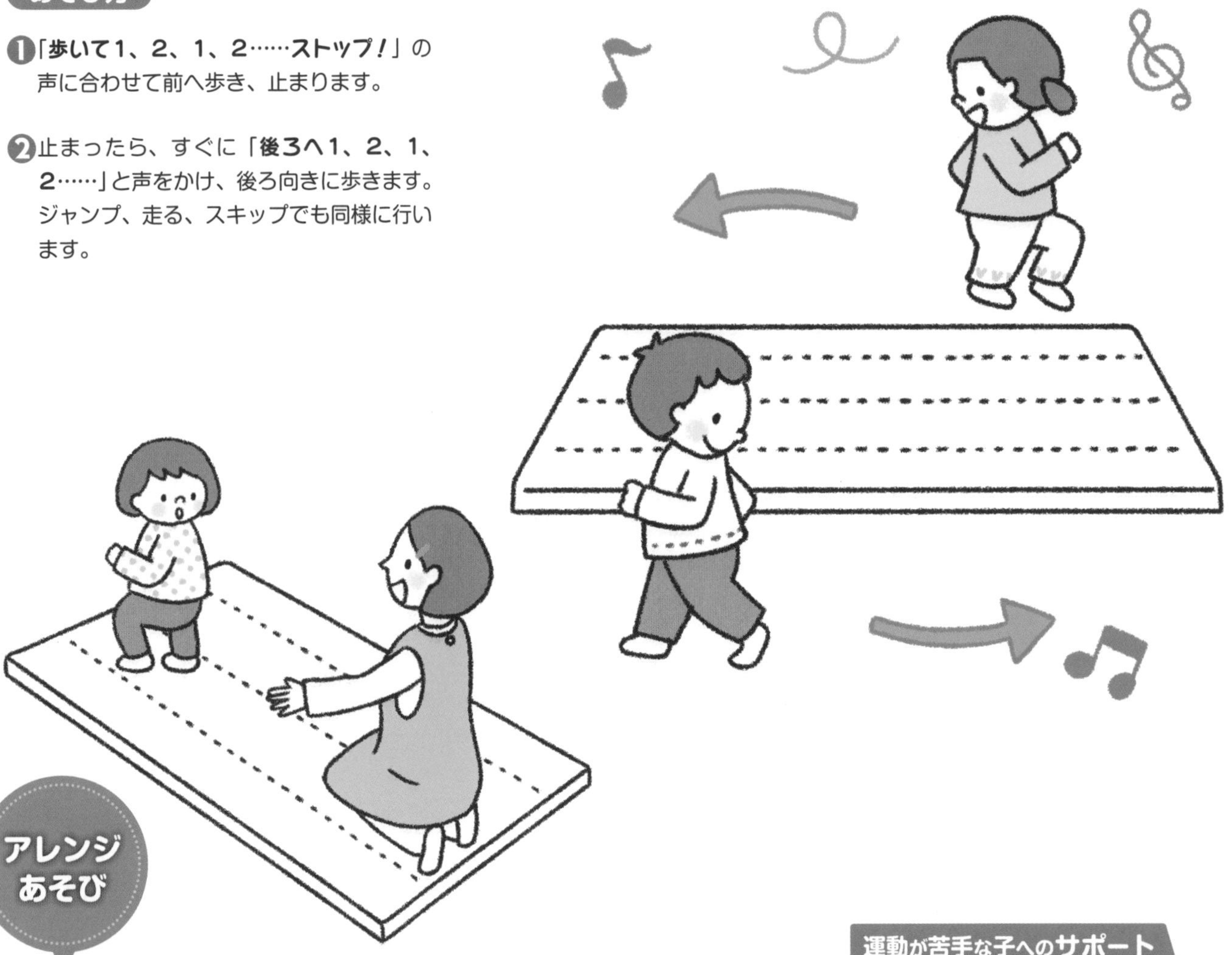

アレンジあそび

抱きしめてキャッチ

❶保育者は少し離れた後ろに立ち、「**おいで♪ おいで♪**」とリズムよく声をかけます。

❷子どもは声に合わせ、後ろ向きに保育者のところまで走り、着いたら保育者が受け止めます。

運動が苦手な子へのサポート

●後ろへ進むことが難しい子には、保育者が手をつないで一緒に行います。走る場合は、保育者が子どもの後ろから両手で支えるようにしましょう。

⚠ 後退の際に転倒して頭を打たないように気をつけます。3歳児は、はじめはマットの上で行いましょう。

友達運び

対象 3歳～　人数 2人～

身につく力 ▶ 筋力 平衡性 身体認識力

鍛えられる体幹 ▶

道具 マット

ねらい
- 友達と触れ合い、協力しながらあそびます。
- 運ぶことも、運ばれることも体作りになります。

保育のPoint

- 子どもは、1人では難しいことも友達と一緒なら挑戦できることがあるので、楽しんで取り組めるようにします。保育者も声かけで盛り上げましょう。
- 全員に目が行き届くように、注意しながら進めてみましょう。

あそび方 年齢に応じて、いろいろなやり方で友達を運びます。

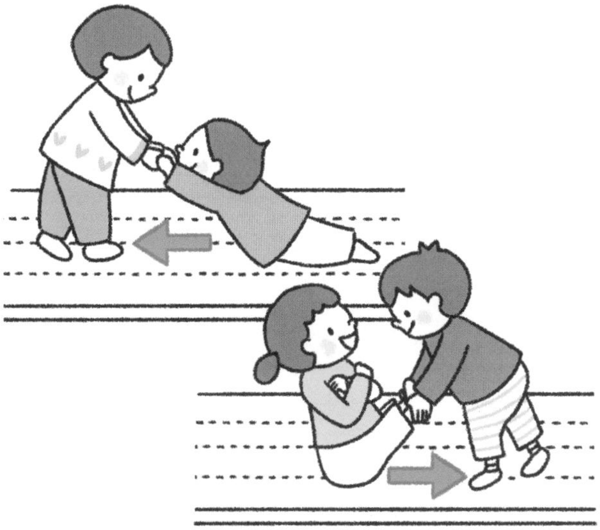

引っぱりっこ（3歳）

腹ばいになった友達を引っぱります。後退するときは、運ばれる子は腹ばいになって顔を上げ、運ぶ子は運ばれる子のほうを向いて、両手を持って引っぱります。

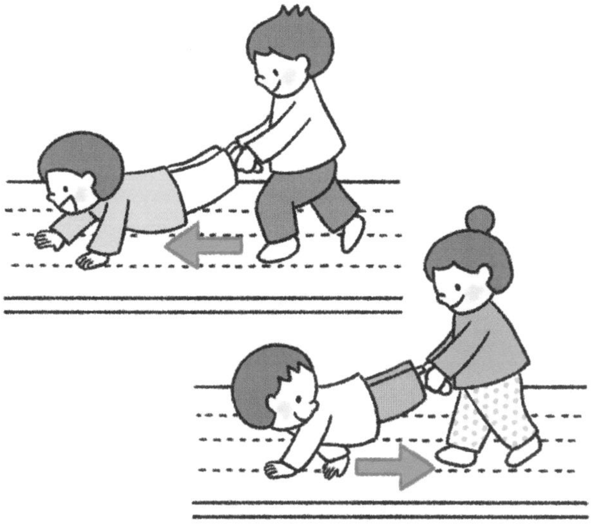

手押し車（4歳）

運ばれる子は床に両手をつき、運ぶ子は両足を持って前進、後退を行います。運ぶ子が速すぎると、運ばれる子は腕が曲がりやすくなって危険なので、ゆっくり進むようにします。

おんぶ（5歳）

運ぶ子は、しゃがんで運ぶ子を背中に乗せ、立ち上がっておんぶで歩きます。

運動が苦手な子へのサポート

- 力が弱く、友達を運ぶことが難しい場合は、保育者がサポートして一緒に行います。友達と触れ合う時間を大切にしましょう。

⚠ 夢中になりすぎると、ふざけてけがにつながりやすいので、「**ゆっくり！ ゆっくり！**」などと声かけをしましょう。

ぞうきんがけサーキット

対象	人数
4歳～	1人～

身につく力 ▶ 筋力　調整力　身体認識力

鍛えられる体幹 ▶

道具　ぞうきん・カラーコーン

ねらい
- ●ぞうきんがけの運動で足腰を強くします。
- ●腕で体を支える感覚を養います。

保育のPoint

☀このあそびを行う前に、「壁逆立ち」（P.26）や「クマさん、いろいろ歩き」（P.31）などをたくさん行い、腕で体を支えることに慣れます。

あそび方　カラーコーンでコースを作り、ぞうきんがけをしながら回ります。1人目がスタートしたら、3秒後に次の子がスタート。追いかけたり追いかけられたりする感覚を楽しみます。

運動が苦手な子へのサポート

●難しい場合は、距離を短くして行うか、ひざをついてハイハイの要領で進みましょう。

⚠ ぞうきん以外のものは、素材によって摩擦で手をやけどすることなどがあるので使用しないようにします。湿気の多い日はぞうきんがすべりにくいので避けましょう。床が濡れたり湿ったりしていないかも確認します。

アレンジ
あそび
1

片足ぞうきんがけ

ぞうきんに片足を乗せ、スケートのようにすべります。オニごっこをしても楽しいです。

アレンジ
あそび
2

ぞうきん運び

1人がぞうきんに両足を乗せてしゃがみ、もう1人が相手の両手を持って引っぱりながら進みます。

アレンジ
あそび
3

ぞうきんしゃくとり虫

1枚のぞうきんに両手、もう1枚に両足を乗せ、しゃくとり虫の要領で進みます。

①

ぞうきんに両手両足をそれぞれ揃えて乗せ、四つん這いになります。

②

両手両足を同時に前後に動かし、体を伸ばしたり縮めたりを繰り返します。

もぐらたたき

対象	人数
3歳〜	1人〜

身につく力 ▶ 敏捷性 柔軟性 平衡性

鍛えられる体幹 ▶

道具 マット・タンブリン

ねらい

●しゃがむ運動で足腰を強くします。
●バランスを取りながら、すばやくしゃがむことを覚えます。

保育のPoint

※はじめは、しゃがむときに手やお尻をついてもOKにします。次に、手だけはついてもOKとし、最後は手もお尻もつかないでしゃがむようにします。年齢に応じて設定するようにしましょう。

※たたくまねの動作はゆっくり、大きく行い、子どもがしゃがむまでに時間の余裕をもたせます。

あそび方

❶子どもは、マットの上に一列に並んで立ちます。

❷保育者は子どもの頭の高さくらいでタンブリンを持ち、「**カッチン、カッチン**」と言いながら歩きます。

❸子どもの頭の真上に来たら、止まってたたくまねをし、子どもはたたかれないよう、すばやくしゃがみます。

アレンジあそび

もぐらたたきオニ

オニが来たときに「しゃがめばつかまらない」というルールでオニごっこをします。

運動が苦手な子へのサポート

●たたかれることを怖がる子もいるので、その場合は「**たたきに行かないからね**」と約束したり、「**ゆっくりするからね**」と声をかけたりします。

●立つ、しゃがむ、しゃがんだ姿勢を維持するといった動作が難しい場合は、その場でゆっくり1つの動作だけをして楽しみます。

⚠ しゃがむ際に子ども同士がぶつからないように、十分にスペースを取りましょう。

腕立て足ジャンケン

対象	人数
4歳〜	2人〜

身につく力 ▶ 筋力 リズム感覚 調整力

鍛えられる体幹 ▶ \お腹/ \背中/ \腰/ \お尻/ \太もも/

道具 なし

ねらい
- 腕で体を支えた姿勢で足を動かすと体幹が強くなります。
- 指示された動きを理解し、行動する力が身につきます。

保育のPoint

※多人数で行う際は、離れた場所にいる子のポーズもしっかり見て、一人ひとりに声をかけることが大切です。子どもは、保育者がちゃんと見てくれているという安心感を得られます。

あそび方 両手を床につき、腕立てふせの姿勢であそびます。

❶保育者の「グー」「チョキ」「パー」の指示を聞き、足で「グー」「チョキ」「パー」を作ります。

❷「**ジャンケンポン！**」と言って、保育者と足ジャンケンをします。

運動が苦手な子へのサポート

- 「グー」「チョキ」「パー」を続けて行うことが難しい場合は、1つの動きを3回ずつ行うなど、1つずつのポーズを確実に身につけられるようにします。

⚠ 「パー」のポーズで子ども同士がぶつからないよう、スペースを取りましょう。

とびら押し

対象	人数
3歳〜	2人〜

身につく力 ▶ 筋力 / 調整力 / 身体認識力

鍛えられる体幹 ▶

道具 鉄棒・マット

ねらい
●腕でしっかり押すことを覚えながら、足腰の力と、ふんばる感覚を養います。

保育のPoint

※保育者が反対側からマットをひざでキックすると、おもしろがって押すので、そのままの勢いでマットをくぐり抜けるようにするとスムーズです。

※はじめは一人で押すよりも、友達と一緒に行うほうが楽しく取り組めます。

あそび方

❶鉄棒にマットをかけ、とびらを作ります。

❷保育者はマットの反対側に立ち、子どもが簡単にマットを押せないようにします。

❸子ども2人でマットを押して、保育者の力に勝って反対側へくぐり抜けます。押すときは、ひざがつかないようにします。くぐり抜けたときは倒れ込んでOKです。

運動が苦手な子へのサポート

●力が弱い場合は、保育者が手前のマットをめくり上げておき、1枚だけ押してくれるようにします。

●力の強い子と弱い子をペアにし、力の弱い子にも『できた！』という成功体験をさせます。

⚠ ひざをついてハイハイでくぐろうとする子がいるので、「**ひざはつかないよ**」と伝えましょう。

鉄棒すべり台

対象	人数
3歳～	1人～

身につく力 ▶ 筋力
調整力
身体認識力

鍛えられる体幹 ▶

道具 鉄棒・マット

ねらい ●遊具に対して体をどう使えばよいかを、体験しながら身につけていきます。

保育のPoint

※基本的には子どもが一人で行うように見守り、危ないときに手助けをします。

※怖がる子には、「**一緒にやろう！　お手伝いするね**」と声をかけて補助します。

※積極的に挑戦した子には、「**すごい、一人でのぼれたね**」「**上手にすべれたね**」とほめましょう。

あそび方

鉄棒にマットをかけ、その上にのぼり、自由な形からすべりおります。

アレンジあそび

頭からゴー！

保育者が手を添え、両手をバンザイの形にし、頭からすべりおります。できるようなら、すべり終わったところででんぐり返しをしてみましょう。

まずは、おへそをマットにつけた状態ですべりおりてみましょう。次に、左上の絵のように座って、すべりおります。

運動が苦手な子へのサポート

●3歳児や、マットの上までのぼれない子には、マットの横に跳び箱や巧技台を置いてのぼりやすくします。台があってものぼれない子には、保育者が鉄棒の上に座らせるところまで手伝い、そのあと自分でバランスを取って一人ですべりおります。

だるまさんがぶら下がった

対象	人数
3歳〜	1人〜

身につく力 ▶ 筋力 持久力 身体認識力

鍛えられる体幹 ▶ \お腹/ \背中/ \腰/

道具 鉄棒・マット

ねらい
●ゲーム性を楽しみながら、ぶら下がり運動を行います。
●腕やお腹の力を強くします。

保育のPoint

※はじめは鉄棒にぶら下がる時間を短くし、慣れてきたら長めにします。

※鉄棒が低いほど足がマットにつきやすく、難しくなるので、年齢が高い子ほど低い鉄棒を使います。

※アウトになっても、また挑戦して楽しみましょう。

あそび方

1. 子どもは鉄棒の前に立ちます。保育者は子どもに背を向けて立ち、「**だるまさんが…**」と言います。
2. 保育者が「**ぶら下がった!**」と言ったら、子どもは鉄棒にぶら下がり、保育者は子どものほうに振り返ります。いろいろなぶら下がり方で挑戦します。
3. ぶら下がったまま足がマットにつかないようにします。ついてしまったらアウト!

運動が苦手な子へのサポート

●足を持ち上げていることが難しい場合は、高さのある鉄棒で行います。

忍者で横渡り

対象 5歳〜

人数 1人〜

身につく力 ▶ 筋力 持久力 調整力 平衡性

鍛えられる体幹 ▶

道具 鉄棒・マット

ねらい
- 腕、お腹、背中の力を強くします。
- 鉄棒に乗り続けることでバランス力を養います。

保育のPoint

※腕をしっかり伸ばし、片手ずつゆっくり移動するのがコツです。

※補助する場合は、子どもの後ろから腰や脇の下を持って支えます。

あそび方

❶鉄棒の端のほうに飛びつき、お腹を鉄棒に当てて腕を伸ばし、体を支える「小鳥のポーズ」をします。

❷そのまま鉄棒の反対の端まで、腕の力で進みます。

★方向と進み方を変えてみる★

右方向と左方向、両方と、進み方を変えてやってみましょう。鉄棒を横に2台並べて長くして行ってもよいです。

運動が苦手な子へのサポート

- 腕の力が弱い子には、短なわを鉄棒の両端に結んで足の高さに張り、足も使えるようにします。この方法なら4歳児も挑戦できます。

⚠ 鉄棒からおりるとき、あごを打たないように注意しましょう。

鉄棒でおいも抜き

対象	人数	身につく力	鍛えられる体幹
5歳〜	1人〜	筋力 持久力 調整力	お腹・背中・腰・お尻

道具 鉄棒・マット

ねらい

●お腹に力を入れ、空中で体をまっすぐにすることを覚えます。
●指先に力を入れ、鉄棒をしっかりにぎれるようになります。

保育のPoint

※鉄棒をしっかりとにぎることができるように、顔が下向きになるほうから始めてみるとよいでしょう。
※はじめは20度くらい、慣れてきたら45度、挑戦できるようになってきたら90度と、子どもを引き上げる角度を変えていきましょう。

あそび方

❶鉄棒をにぎります。

❷保育者が子どもの両足を持って後ろに引き、子どもは体をまっすぐにして“おいもに変身”します。

❸保育者は「**抜けるかな？　抜けるかな？**」と言いながら子どもの両足を軽く引っぱり、子どもは鉄棒から手が離れないようにしっかりにぎります。「**抜けなかったらチャンピオンだよ**」と言って、がんばってにぎるように促します。

アレンジ

★おへそを上にして★

おへそを上にするパターンもやってみましょう。保育者と子どもが向き合うので、子どもも楽しみながら挑戦できます。

運動が苦手な子へのサポート

●難しい場合は、保護者がその子のお腹の下に入り込むようにして、自分の肩で子どものお腹を支えながら足を引っぱります。

⚠ 子どもが手を離すと危険なので、保育者はすぐに腰を持って支えられるようにしましょう。

カラーコーンジャンプ

対象	人数	身につく力	鍛えられる体幹
3歳〜	1人〜	リズム感覚 調整力 身体認識力	お腹・腰・お尻・太もも

道具 **カラーコーン**（マーカーコーン、三角コーン、ビッグコーンなど）

ねらい
- リズムよく連続でジャンプできるようになります。
- 両足跳びが苦手な子も、屈伸を使ったジャンプのコツが身につきます。

保育のPoint

※リズムよく連続ジャンプをするためには、つま先でしっかり地面を蹴ることがコツです。「**つま先を使うよ**」などと声をかけましょう。

あそび方

両足で連続ジャンプをしてカラーコーンを跳び越えていきます。保育者は、「ブン！ ブン！ ブン！ ブン！」というかけ声や、手、タンブリンなどをたたいてリズムを取ります。カラーコーンの種類や置き方を変え、いろいろなパターンで行います。

運動が苦手な子へのサポート
- 連続ジャンプが難しい場合は、1つ目と2つ目のコーンだけ連続して跳ぶことを目標にして、2つ目と3つ目のコーンの間は歩き、できれば3つ目と4つ目のコーンも連続して跳びます。
- ゆっくりでよいので、両足で跳ぶことにポイントをおきます。

⚠ カラーコーンの間隔が狭すぎると転倒しやすく、広すぎると連続で跳べないので、ちょうどよい位置に調整しましょう。

足上げゴロン

対象	人数
4歳〜	1人〜

身につく力 ▶ 筋力 柔軟性 身体認識力

鍛えられる体幹 ▶

道具 **マット・プールヌードル（または新聞紙を丸めて棒状にしたもの）**

ねらい ●腹筋につながる運動あそびです。小学校の体力テストに腹筋（上体起こし）があるので、体験しておくとよいでしょう。

保育のPoint

※お腹に力を入れて起き上がることがコツなので、「**お腹にグッと力を入れるよ**」と伝えます。

※できる子は、起き上がって立つところまで挑戦してみましょう。

あそび方

❶マットに足を伸ばして座ります。

❷保育者はプールヌードルを床につけて持ち、子どもの足元に近づけていきます。

❸子どもはプールヌードルが来たら、両足を上げてよけ、そのまま後ろにゴロンところがります。

❹足を戻して起き上がります。

❺もう一度、後ろにころがって起きるを繰り返します。

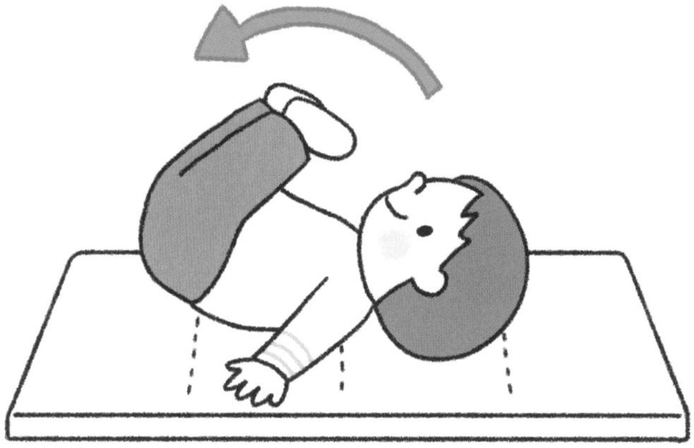

アレンジあそび

起き上がりこぼし

❶マットにひざを立てて座り、「**後ろにゴローン**」のかけ声で、両足を上ながら後ろに倒れます。

❷「**起きーる**」のかけ声で、手を使わずに起き上がります。手を使わないと難しい場合は、ズボンなどを引っぱって起きます。

運動が苦手な子へのサポート

●一人でころがったり起きたりできない場合は、ひざを抱えて座り、保育者が前後に揺らします。子どもはひざを抱えたまま、または太ももの横をつかんだままころがったり起きたりします。

⚠ 後ろにころがる際、勢いをつけすぎると頭を打つので、気をつけてころがるよう伝えましょう。

足上げキック

対象	人数
4歳〜	1人〜

身につく力 ▶ 筋力 調整力 身体認識力

鍛えられる体幹 ▶

道具 マット

ねらい
- 逆さになる感覚に慣れます。
- 腕で体を支えながら体幹を強くします。

保育のPoint

※マットに手をついたら、まずは腕でしっかりと体を支え、首を起こして前方を見るように伝えます。

あそび方

マットに両手をつき、腕に体重を乗せます。保育者が「**キック、1、2**」と声をかけたら、足を交互に上に蹴り上げます。

慣れてきたら、両足の裏同士で手をたたくように打ちます。まずは1回できたら、2回に挑戦してみましょう。

⚠ 手をしっかりついていないと転倒につながるので注意します。

運動が苦手な子へのサポート

- 一人で蹴り上げられない場合は、保育者が腰を支えてサポートします。

忍者で、でんぐり

対象	人数
3歳〜	1人〜

身につく力 ▶ 筋力
平衡性
空間認知能力

鍛えられる体幹 ▶

道具 マット・ロイター板・フープ・カラーコーン・ボール

ねらい
- 体を丸めて回る動きを身につけます。この動きを覚えることで、転倒したときなどに受け身を取りやすくなります。

保育のPoint
- きれいに回ることよりも、体をしっかり丸めて回ることにポイントをおきます。

あそび方 忍者になって、年齢に応じたでんぐり返しのバリエーションを楽しみましょう。

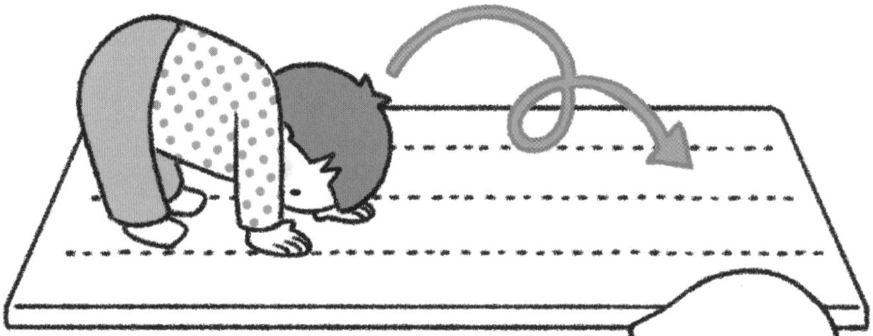

基本のでんぐり返し（前転・3歳）

足の前で四つん這いになるように両手をつき、お尻を上げます。おへそを見て、マットに頭の後ろをつけるようにして回ります。

マットの下にロイター板を入れてやる方法もあります。

★手のつく位置★

両手をつく位置が体から遠いと、うまく回れないので、足元に手をつくようにしましょう。

運動が苦手な子へのサポート

- 軽くお尻を押して回転を促すなど、補助して回る感覚をつかませます。
- 保育者は子どもを膝に乗せてマットに手をつかせ、子どもの後頭部を支えて回らせます。

⚠ 頭のてっぺんがマットにつくと首に負担がかかるので、あごを引いて頭の後ろをつけることが大切です。

アレンジあそび 1

走ってでんぐり（4歳）

マットの手前から走り、両足で踏み切って前転します。

アレンジあそび 2

でんぐりフープ抜け

保育者がフープを持ち、子どもはフープの向こう側に手をつき、そこから前転しながらくぐり抜けます。

アレンジあそび 3

ボールを持ってでんぐり（5歳）

❶ボールを持ってマットにつけます。

❷ボールの向こうに頭をつけて前転をします。ボールは離しません。

❸ボールを持ったまま起き上がります。

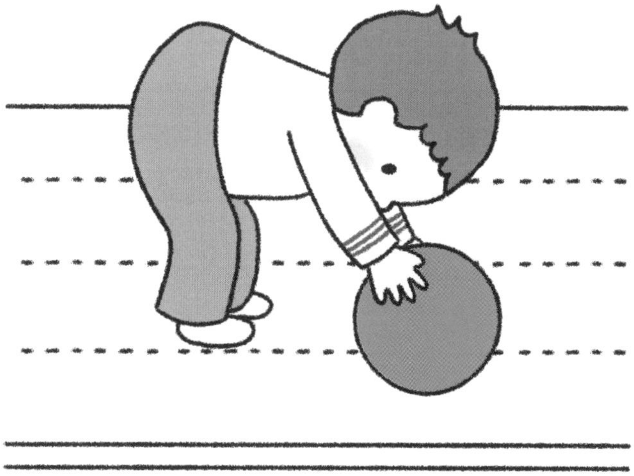

★回り方のコツ★

腕を伸ばし、しっかりとボールをマットに押しながら回りましょう。ボールを押せないと上手に回れません。

ひざ歩き

対象	人数
4歳～	1人～

身につく力 ▶ 平衡性
身体認識力
筋力

鍛えられる体幹 ▶

道具 マット

ねらい
●ひざ立ちでバランスを取りながら進みます。途中でバランスがくずれたとき、姿勢を立て直すことを覚えます。

保育のPoint

☀ころぶことも大切な運動体験になるので、楽しみながら取り組みます。

あそび方

❶マットの上でひざ立ちになり、前進、後退をします。はじめは、すねまでつけて進みます。

❷慣れてきたら、ひざだけをマットにつけて前進、後退をします。

⚠ 前にころぶことが多いので、「**ころびそうになったら、手をつくよ**」と伝えて、顔を打たないように注意しましょう。

運動が苦手な子へのサポート

●基本どおりの形にならなくてよいので、保育者が手本を示し、子どもが思ったとおりの歩き方で挑戦するようにします。

ケンケン、ストップ！

対象	人数
4歳〜	1人〜

身につく力 ▶ リズム感覚 平衡性 巧緻性

鍛えられる体幹 ▶

道具 フープ

ねらい
- ケンケン跳びでバランス感覚を養います。
- 片足立ちで、姿勢がくずれそうになっても立て直す力が身につきます。

保育のPoint

✳最初はスローテンポのリズムにし、ストップの合図も「**ストーップ**」とゆっくり言います。慣れてきたら、すばやく「**ストップ！**」と言ったり、予期しないタイミングで合図をしたりして楽しみましょう。

あそび方

❶フープを床に並べて輪を作ります。

❷リズムに合わせ、フープの中をケンケンで跳んでいきます。

❸「**ストップ**」の合図で止まり、片足立ちのままバランスを取って静止します。

アレンジあそび

両足ジャンプで片足ストップ

フープで作った輪を両足ジャンプで跳んで進み、「**ストップ**」のときは片足立ちで止まります。

運動が苦手な子へのサポート

- ケンケンが苦手な子は、両足の連続ジャンプでフープを跳んで進むことから始めます。
- ケンケンの連続跳びが難しい場合は、ケンケン2回＋両足ジャンプ2回を繰り返すなど、その子に合わせてジャンプを変えます。

丸太ころがし

対象	人数
4歳〜	2人〜

身につく力 ▶ 筋力 調整力

鍛えられる体幹 ▶ \お腹/ \背中/ \ 腰 / \太もも/

道具 マット・短なわ・カラーコーン・ストップの目印（テープなど）

ねらい
- 重いマットをころがして足腰を強くします。
- 友達と協力して押すタイミングなどを合わせます。

保育のPoint

※あそぶ前の導入として、立てたマットの丸太を倒したり、キックしたりすると盛り上がります。

あそび方

1. マットを丸めて短なわで結び、丸太形を作ります。
2. 子ども2人で、マットの丸太をころがします。
3. 目印の線を越えたら折り返し、マットの反対側へ回って、スタート地点までころがして帰ります。

⚠ マットの上に乗り上げて頭から落ちないように注意しましょう。

運動が苦手な子へのサポート

- マットを押し出す手のつき方、運び方を一緒に行い、感覚をつかませます。指先を下にして回していくと、体がマットに乗らずに、スムーズに回すことができます。

コロコロおいも越え

対象 4歳〜
人数 4人〜
身につく力 ▶ 身体認識力 協応性 平衡性
鍛えられる体幹 ▶ お腹 背中 腰 お尻

道具 マット

ねらい
- ●障害物を越えてころがる運動で体幹を強くします。
- ●友達と触れ合ってあそぶことを楽しみます。

保育のPoint

☀マットの上で子どもたちの間に保育者も入って参加すると、子どもたちは大喜びです。

あそび方

❶マットの上に数人がうつぶせになり、同じほうを向いて並びます。

❷一人が友達の上を横向きにころがっていきます。このとき、体はまっすぐにします。「**コ〜ロコロ**」など、楽しいリズムで声かけをしましょう。

❸マットの端までころがったら、一人分ずつマットの上を移動し、ころがった子がうつぶせになります。同様に、反対の端の子がころがる役になります。

運動が苦手な子へのサポート

●感覚過敏などで、くすぐったいと感じる子や、触れ合うことが苦手な子もいるので、その子の様子を見て、無理のない範囲で取り組むようにします。

⚠ マットの上の子は、必ずうつぶせで顔を下にしていることを確認しましょう。

オットセイオニ

対象	人数
5歳～	3人～

身につく力 ▶ 筋力 持久力 柔軟性

鍛えられる体幹 ▶

道具 なし

ねらい ●腕で支持する力や、体の柔軟性を高めます。

保育のPoint

※子どもが大人数いる場合は、オニはころがっても方向を変えたり、進んでよいルールにしたり、保育者2人でオニ役をしたりするなど、広範囲をカバーできるようにします。

あそび方

1. 子どもも保育者も、床に手をついて足を伸ばし、オットセイのポーズをします。
2. 保育者がオニ役になり、子どもたちは腕だけで歩いて逃げ、保育者も腕だけで追いかけます。
3. オニにつかまった子は、その場で両足を上げたオットセイのポーズで静止します。
4. 友達がタッチしたら、つかまった子は復活できます。

運動が苦手な子へのサポート

●腕で歩くのが難しい子も、オットセイのポーズができれば、ポーズだけで参加します。ひじを伸ばして腕で体を支えるだけで、腕の支持力を高めることに役立ちます。

コロコロボールよけ

対象	人数
4歳〜	2人〜

身につく力 ▶ 瞬発力
巧緻性
空間認知能力

鍛えられる体幹 ▶

道具 **やわらかいボール**（当たっても痛くないもの）

ねらい
- ボールを見てすぐに反応して動きます。
- すばやく体を回転させます。

保育のPoint

※はじめは高い位置からボールを落とし、よける時間を作ります。

※慣れてきたら、落とすふりだけのフェイントも入れるとさらに楽しめ、反応して動く力がより高まるあそびになります。

あそび方

❶子どもは、床にあおむけに寝ます。

❷保育者が寝ている子どもの真上からボールを落とすので、子どもはころがってボールをよけます。

❸ボールをよく見て動けるようになったら、子ども同士で2人組になり、ボールを落とす役も子どもが行います。

⚠ 子ども同士で行う際は、ボールはお腹の上あたりに落ちるようにして、顔には落とさないよう、しっかり伝えましょう。

運動が苦手な子へのサポート

- すばやくころがれない子には、スカーフなどゆっくり落ちるもので行います。

ボールオニ

対象	人数
5歳～	3人～

身につく力 ▶ 筋力
持久力
空間認知能力

鍛えられる体幹 ▶

道具 ボール

ねらい
- ●ボールに手をついて腕で体を支持することで、体幹を強くします。
- ●友達とぶつからないように逃げることで、空間認知能力を育みます。

保育のPoint

※両手をボールの上につくポーズに慣れたら、両足を乗せるポーズに挑戦してみます。

あそび方

1. オニ役を決め、オニ以外がボールを持って逃げます。
2. オニにタッチされたら、ボールを床に置きます。ボールの上に両手を乗せ、手でボールを押しながら体を支え、トンネルを作ります。
3. 友達がトンネルの下にボールをころがしてくれたら、つかまった子は復活できます。

運動が苦手な子へのサポート

●保育者がオニの場合、あえてつかまえずに、つかまらなかったという成功体験を与え、次につなげます。

⚠ ころがっているボールに乗って転倒しないように注意しましょう。

障害物かけっこ

対象 3歳〜　人数 1人〜

身につく力 ▶ 調整力　持久力　スピード

鍛えられる体幹 ▶

道具 マット・平均台・跳び箱・お手玉など

ねらい
●走って全身運動を促し、障害物を越えることで足腰を強くします。

保育のPoint
※手を使わないように、「**手をつけないよ！**」「**足で乗るよー**」などと声かけをします。

あそび方 跳び箱、平均台、3つ折りマットなどの障害物を、手を使わないで乗り越えたり、跳び越えたりしながらコースを走ります。

★年齢に沿って時間を決める★

3歳は30秒、4歳児は40秒、5歳は50〜60秒で回れる距離と障害物にします。また、踏んではいけない場所に、カラーテープなどで×の印をつけても盛り上がります。

運動が苦手な子へのサポート

●保育者は、マットや平均台の障害物の横に立ち、一方の手を差し出し、子どもが乗り越えられるように補助します。

⚠ 障害物が高すぎると転倒につながりやすいので、とくに最初は低く設定しましょう。

どっち？ どっち？

対象	人数
4歳～	2人～

身につく力 ▶ 空間認知能力
スピード
敏捷性

鍛えられる体幹 ▶

道具 カラーコーン

ねらい ●状況を判断して、すばやく方向転換して走ります。持久力の向上にもつながります。

保育のPoint

※保育者はすばやく方向を変えたり、急に止まったり、ゆっくり歩いたり、後ろ歩きをしたりするなど、動きに変化をつけましょう。

あそび方

❶カラーコーンなどを一列に並べます。

❷保育者がオニ役になり、カラーコーンの右側へ行ったり、左側へ行ったり、急に反対回りをしたりして、子どもたちをつかまえに行きます。

❸子どもたちは、オニと反対方向へ走って逃げます。オニが来たら方向転換し、反対の方向へ走ります。

⚠ 興奮しすぎると、子ども同士がぶつかるなどして危険なので、保育者は興奮させすぎないように動きをコントロールしましょう。

運動が苦手な子へのサポート

●体の方向転換をうまくできない子には、保育者が手をつないで一緒に逃げます。

みんなでパラシュート

対象	人数
3歳〜	5人〜

身につく力 ▶ リズム感覚 空間認知能力

鍛えられる体幹 ▶ お腹 背中 腰 お尻

道具 パラシュート

ねらい ●みんなで1つのパラシュートを扱うことで、全身運動を楽しみながら、共感力を育みます。

保育のPoint

※興奮しすぎて指示したように動けなくなったときは、いったん動きを止めて座り、目を閉じたり10秒数えたりして心を落ち着かせます。

あそび方

❶音楽に合わせ、1列でパラシュートの周りを歩きます。

❷音楽が止まったら、みんなで1つのパラシュートを両手で上から持ち、4拍子のリズムで「歩く」「ジャンプ」「手を上げる」「手を下げる」「左右に揺らす」と、いろいろな動きを楽しみます。

❸パラシュートを高く上げ、「**1、2、3**」のかけ声で、パラシュートを持ったまま中に入ります。

運動が苦手な子へのサポート

●パラシュートを操作することが難しい子は、中に入ってジャンプしたり、寝ころんで上向きにキックしたりして楽しみます。また、パラシュートをにぎっているだけでも、握力の向上に役立ちます。

⚠ パラシュートを床に置いているとき、上に乗るとすべりやすいので、乗らないように注意しましょう。

みんなでポップコーン

対象	人数
4歳〜	5人〜

身につく力 ▶ リズム感覚　協応性　調整力

鍛えられる体幹 ▶

道具　パラシュート・カラーボール

ねらい　●みんなで協力してパラシュートを操作し、ボールを跳ねさせて楽しみます。

保育のPoint

※ボールがパラシュートから外に出ても拾いに行かずに、パラシュートを持つことに集中させます。

あそび方

❶「**ポップコーンを作るよ**」と言って、保育者がカラーボールを、フライパンに見立てたパラシュートに入れます。

❷パラシュートを自由に上下に揺らしてボールを跳ねさせ、ポップコーンを作るまねをします。

アレンジ

☆チーム戦も盛り上がる☆

2チームに分かれ、すべてのボールを速く出すチーム戦をするのも楽しいです。

運動が苦手な子へのサポート

●パラシュートの中に入ることが怖い子には、保育者と一緒に中に入ったり、持ったりすることで参加を促します。

PART②

操作系運動あそび

投げる、蹴る、打つ、取るなど、ものに働きかけたり、操ったりする運動あそびです。なわやボール、スカーフ、フープ、お手玉などの道具を使ったあそびを通して、ものを操作する力や自分と物との距離感、強弱・緩急を学んでいきましょう。

フープ回し

対象	人数
3歳～	1人～

身につく力 ▶ 操作系能力　協応性　巧緻性

鍛えられる体幹 ▶ \お腹/　\背中/　\腰/

道具 フープ

ねらい
- ●フープの扱いに慣れます。
- ●左右の手を使った操作運動を促します。

保育のPoint

- ☀フープから少しでも手を離せたら、「**それ、それ！上手！**」と声をかけ、子どものやる気を引き出します。
- ☀フープを回せない子は、手首をひねったあと、手を離せない場合が多いので、保育者が一緒にフープを持って行い、手を離す感覚をつかませます。

あそび方

❶フープを持ち、保育者の「**トントン**」の声かけに合わせて、フープを床に2回うちつけます。

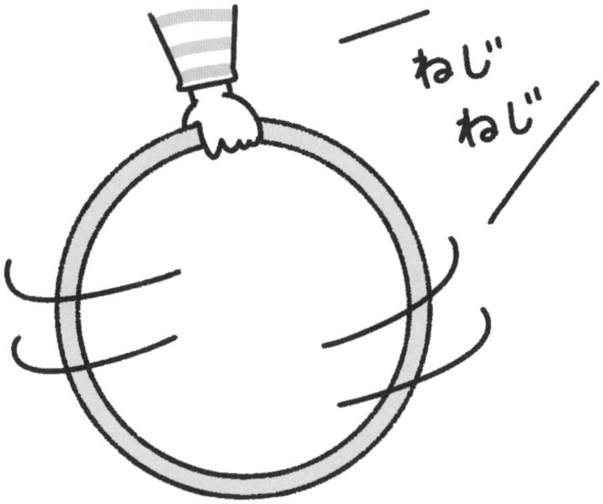

❷保育者の「**ねじねじ**」の声かけで、フープを持った手首をひねります。

❸保育者の「**パーッ**」の合図で、フープを離します。

★あそびの展開を広げてみる★

その他にも①～③のような展開も楽しめます。
①フープを床で回して、手をたたいてキャッチ。
②フープを床で回して、自分も1回転してキャッチ。
③左右の手で2本のフープを同時に回してキャッチ。

運動が苦手な子へのサポート

●にぎることが難しい子には、保育者が一緒にフープをにぎり、にぎる感覚を体験させます。

⚠ 投げたフープにぶつかると危険なので、投げない約束をしてから始めましょう。子ども同士の間隔も十分に取ります。

回してジャンプ！

対象	人数
4歳～	1人～

身につく力 ▶ 操作系能力　協応性　巧緻性　身体認識力　リズム感

鍛えられる体幹 ▶ ＼お腹／　＼背中／　＼腰／

道具 **フープ**　※小さいフープは入りづらいので、直径50㎝くらいのものを使います。

ねらい ●動いているものに、リズムを合わせて動く力を育みます。

保育のPoint

- ※フープには自分のタイミングで入りますが、徐々に倒れてきて床との角度が小さくなったときが入りやすいでしょう。
- ※一人ひとりの様子を見て、「**いいね！**」「**上手だね！**」「**惜しいね**」などと声をかけます。

あそび方

❶はじめは、床に置いたフープの中に両足でジャンプして入ります。

❷慣れてきたら、自分でフープを回し、フープが静止する前に、両足でジャンプして中に入ります。

運動が苦手な子へのサポート

- ●「自分で回して、入る」という動作が難しい子には、回す動作と、中に入る動作を分けてやってみましょう。
- ●保育者が回したフープに入ってもOKです。回したあと、子どもの手を取り、「**ジャーンプ！**」と声をかけて入りましょう。

⚠ フープに乗って足をすべらせないように注意しましょう。

パージャンプでフープ越え！

対象	人数
5歳～	1人～

身につく力 ▶ 操作系能力　協応性　リズム感　身体認識力　空間認知能力

鍛えられる体幹 ▶ お腹　背中　腰　お尻　太もも

道具 フープ

ねらい
- 動いているものにリズムを合わせてジャンプします。
- 開脚して跳ぶ動きを覚えます。

保育のPoint
- 「**ジャーンプ！**」と声をかけて、跳ぶタイミングを促します。
- 直径40cmの小さなフープから始めて、慣れてきたら直径50cmのもので挑戦しましょう。

あそび方

保育者がフープを連続してころがします。子どもはパージャンプ（開脚ジャンプ）で、ころがってくるフープを跳び越えます。

アレンジあそび

何人、跳べるかな？

グループになり、何人連続して飛べるか挑戦します。

運動が苦手な子へのサポート
- フープを跳ぶことが難しい場合は、ボールを使ったり、ころがってきたフープを正面でキャッチしたりすることから始めます。

⚠ 保育者はフープの速度に気をつけ、子どもが跳びやすいようにゆっくりころがしましょう。

待て待て、フープ

対象	人数	身につく力	鍛えられる体幹
5歳〜	1人〜	操作系能力 協応性　スピード 身体認識力 空間認知能力	お腹・背中・腰・お尻・太もも

道具 フープ・カラーコーン・笛

ねらい ●すばやく体を起こす動きで、反応能力を高めます。

保育のPoint

※動きにメリハリをつける運動あそびなので、保育者もメリハリのある声かけで盛り上げましょう。

※キャッチしたときは、手をたたいたり、大きな声で「**上手！**」などとほめたりします。

あそび方

1. 子どもは、あおむけやうつぶせの姿勢で待ち、保育者は子どもの頭の近くにカラーコーンを置きます。
2. 保育者は、笛やかけ声の合図とともに、フープを子どもが前進する方向へころがします。
3. 合図ですばやく起き上がり、走ってフープを追いかけ、キャッチします。
4. つかんだフープを持って戻り、カラーコーンにフープを通してゴールです。

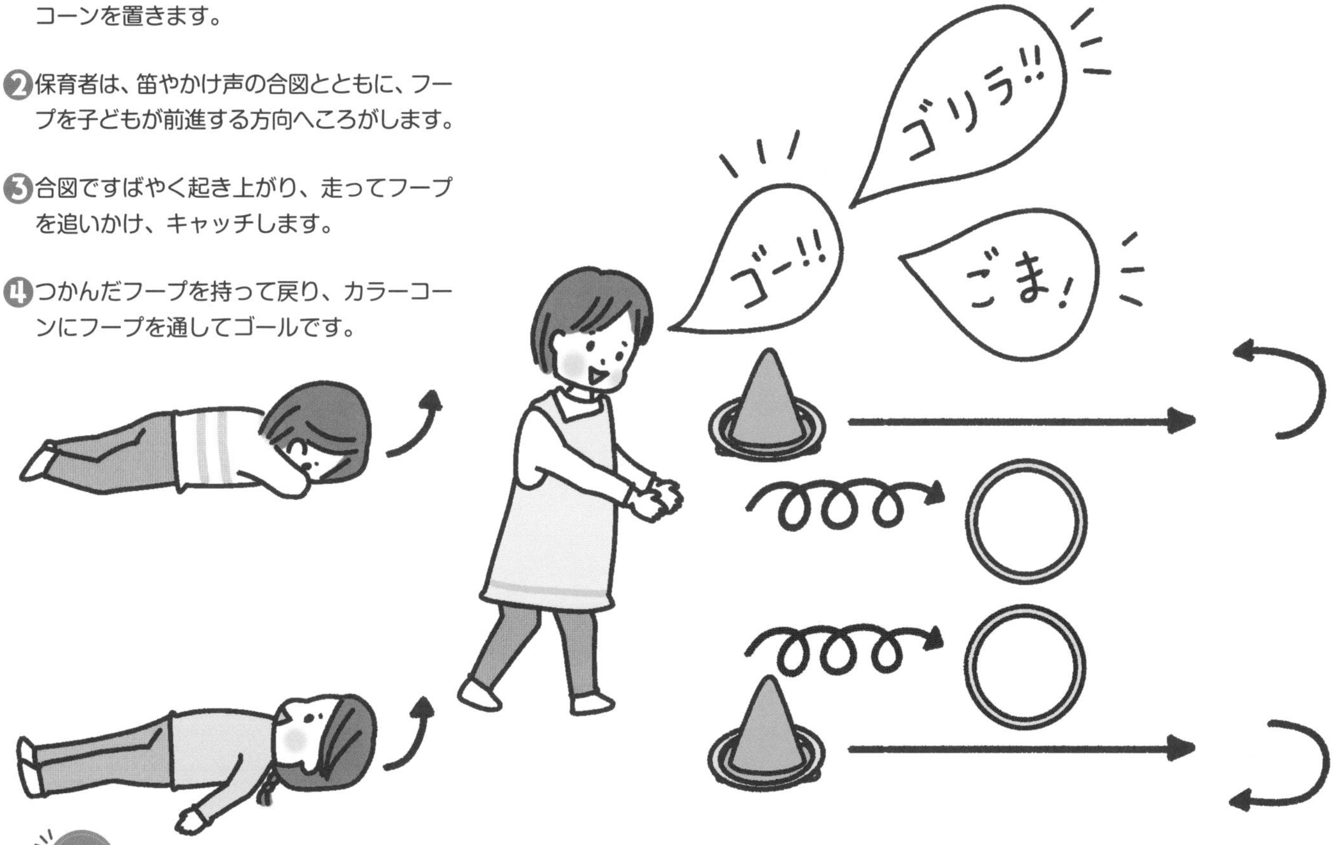

アレンジ

★言葉あそびを取り入れる★

「**ゴー！**」でスタートするところを、ときどき「**ゴリラ！**」「**ごま！**」など、違う言葉を言って引っかけます。

運動が苦手な子へのサポート

●運動な苦手な子には、保育者が一緒にフープまで走ってサポートします。

フープを回して、お引っ越し

対象	人数
4歳〜	2人〜

身につく力 ▶ 操作系能力　巧緻性　敏捷性　空間認知能力

鍛えられる体幹 ▶

道具 フープ

ねらい

●フープを回したあと、すぐに移動して別のフープをつかむ敏捷性を育みます。

●ルールを理解して動く状況判断力を養います。

保育のPoint

※最初は、子ども2人でやってもらい、ほかの子はその2人を見るようにすると理解しやすいでしょう。大人が手本を見せるよりも、友達のやる姿を見るほうがイメージしやすいものです。

あそび方

❶ 2人組になってフープを1本ずつ持ち、「せーの」の合図でその場で同時に回します。

❷ 回したらすぐに、相手のフープのところまで走り、キャッチします。

❸ フープが完全に床に倒れる前に、2人がキャッチできたら成功です。

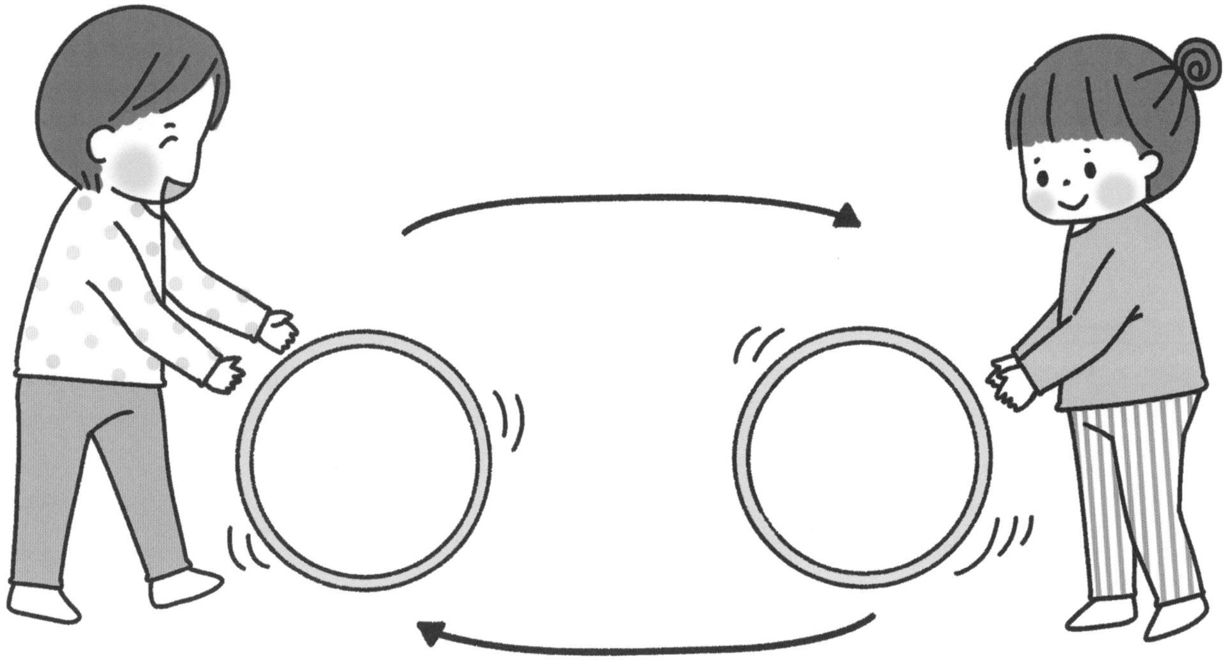

アレンジ

☆人数を増やしてみる☆

3人組なら三角形になり、4人組なら四角形になって、それぞれチャレンジしてみましょう。

運動が苦手な子へのサポート

●子ども同士で行うことが難しい子は、保育者とペアになったり、保育者が一緒にフープを持ったりして行います。

⚠ 走ってくる相手とぶつからないように、「**お友達をよく見て！**」と伝えましょう。

上から下からフープくぐり

対象	人数
3歳～	1人～

身につく力 ▶ 調整力　平衡性　身体認識力　空間認識能力

鍛えられる体幹 ▶

道具 フープ・巧技台など

ねらい
- フープを何度もくぐることで体幹を強くします。
- 友達と一緒に行うことで共感力を養います。

保育のPoint

※「**フープには電流が流れてるよ！　触るとビリビリするよ！**」などと声をかけ、気をつけてくぐるように促します。

あそび方

1. フープを巧技台などの上に置き、床から浮かせます。
2. フープに触れないように、上からくぐったり、下からくぐったりして進みます。

子ども何人かが間隔を空けて一直線に並び、それぞれフープを縦にして床につけます。その中をくぐり抜けて進むあそびも楽しいです。

運動が苦手な子へのサポート

- 台の上のフープを上や下からくぐることが難しい子には、フープにマットを通してフープのトンネルを作り、その中をくぐります。

スカーフでリズムダンス

対象 3歳〜

人数 1人〜

身につく力 ▶ 操作系能力 / リズム感覚 / 柔軟性 / 空間認知能力

鍛えられる体幹 ▶

道具 スカーフ

ねらい ●リズムに合わせてスカーフを揺らす、投げる、キャッチするなどいろいろな操作運動に親しみます。

保育のPoint

※決まった踊り方はないので、子どもが音楽に合わせて楽しく体を動かせるように取り組みます。

あそび方 スカーフを手に持ち、音楽に合わせて揺らしたり、投げてキャッチしたりしながら、リズムに乗ってダンスをします。

★動き方の例★

動き方の例として、次のようなものもよいでしょう。上下に大きく動かす／投げてキャッチする／左右に大きく動かす／両足でジャンプしながら腕を回し、スカーフを大きく動す／左右の腕を交互に上下させる

運動が苦手な子へのサポート

●スカーフをにぎって体を動かしたり、保育者のまねをしたりしてスカーフを揺らすなど、できる動きを楽しみます。

⚠ 床に落としたスカーフはすべりやすいので、落としたときはすぐに拾うようにしましょう。

スカーフ雪合戦

対象	人数
3歳〜	2人〜

身につく力 ▶ 操作系能力 / 敏捷性 / 空間認知能力

鍛えられる体幹 ▶

道具 スカーフ

ねらい

- 当たっても痛くないスカーフを使うことで、目標をめがけて投げる楽しさを体感します。
- 投げる、よける、逃げる、追いかけるなどさまざまな動きを楽しみます。
- すばやく立ったり、しゃがんだりする動きで、お腹の力をつけます。

保育のPoint

※音楽を効果的に使い、動作にメリハリをつけてみましょう。

あそび方

❶スカーフを手の中で丸めて雪に見立て、友達に向かって投げ合います。

❷音楽をかけて行い、音楽が止まったら投げるのをやめてあおむけに寝ます。音楽がスタートしたら、投げ合いを再開します。

★騒がしい環境が苦手な場合★

音楽や騒がしい環境が苦手な子がいる場合は、数人ずつ、音楽なしでやってみましょう。

⚠ 屋内で行う場合は、スカーフに乗って転倒しないように注意しましょう。

走ってキャッチ

対象	人数
4歳～	1人～

身につく力 ▶ 操作系能力　スピード　敏捷性　瞬発力

道具 スカーフ・マット・跳び箱や巧技台など

ねらい ●すばやく反応して動くあそびを楽しみます。キャッチできなくてもOKです。

保育のPoint

※スカーフを高く投げて滞空時間を長くするなど、子どもがキャッチしやすいように工夫して投げましょう。

あそび方

❶保育者は跳び箱などの上に立ち、スカーフを持ってスタンバイします。

❷「ゴー！」の合図でスカーフを離し、子どもは少し離れたところからダッシュして、落ちてくるスカーフをキャッチします。

アレンジあそび

寝ころんでスタート

うつぶせや、あおむけの姿勢からスタートして、スカーフをキャッチします。

運動が苦手な子へのサポート

●走ってキャッチするのが難しい場合は、その場で上から落としたスカーフをキャッチします。

⚠ ダイブしてキャッチするときは、マットを多めに敷いて行い、つき指などをしないように、最初は簡単にキャッチできるようにスカーフを落としましょう。

いろいろキャッチ

対象 3歳〜 | 人数 1人〜

身につく力 ▶ 操作系能力 巧緻性 協応性

鍛えられる体幹 ▶

道具 スカーフ

ねらい ●スカーフが落ちてくるまでの短い時間に、いろいろな動きを楽しみます。

保育のPoint

大人が簡単にやって見せてしまうと、「大人だからできるんだ」とやる気をなくすことがあるので、わざと難しそうにやったり、失敗して見せたりしましょう。

あそび方 スカーフを投げ、落ちてくるまでに手をたたいたり、頭にタッチしたり、さまざまな動作をしてからキャッチします。

アレンジ

☆キャッチのバリエーション☆

上のあそびをベースに、頭とお尻を触ってキャッチする、しゃがんで両手を床につけてからキャッチするなど、いろいろキャッチのしかたをアレンジしてみましょう。

運動が苦手な子へのサポート

- 「投げてキャッチ」が難しい場合は、投げることを中心にして、キャッチはできれば行います。
- 投げてあそぶときは、投げ上げるときに「**アップ、アップ、アップ**」などと声をかけましょう。

⚠ キャッチすることに夢中になると、子ども同士でぶつかることがあるので、間隔を広く取って行いましょう。

足でスカーフ拾い

対象	人数
3歳〜	1人〜

身につく力 ▶ 操作系能力　平衡性　身体認識力

鍛えられる体幹 ▶ \お腹/　\背中/　\腰/　\太もも/

道具 スカーフ・カラーコーン

ねらい
- 足の指で、ものを挟む感覚を育みます。
- バランス感覚（平衡性）を育みます。

保育のPoint

※競争あそびをする前に、スカーフを足の指で連続して拾う練習をしましょう。

あそび方

床にスカーフを広げて置きます。「ゴー！」の合図とともに、一方の足の指でスカーフを挟んで拾い上げてキャッチします。決まった時間内に何枚拾えるかを競います。

アレンジあそび

スカーフでケンケンリレー

カラーコーンでコースを作り、スカーフを足に挟んで、ケンケンで走ってリレーします。

運動が苦手な子へのサポート

- 足の指でスカーフを挟めない場合は、片足立ちになった子の足に保育者がスカーフを挟み、子どもがそれを持ち上げます。
- 片足立ちができない場合は、座って行います。

自転車こいで宝引き

対象	人数
3歳〜	1人〜

身につく力 ▶ 操作系能力、敏捷性、瞬発力、空間認知能力

鍛えられる体幹 ▶

道具 ひも・洗濯ばさみ・スカーフ

ねらい
- あおむけで行う「自転車こぎ」や、起き上がって走り、ジャンプする動きでお腹や腰を強くします。
- ゲーム性のあるあそびを楽しみながら、いろいろな動きをします。

保育のPoint

※自転車こぎをする際、「**まだまだー！**」などと声をかけて盛り上げましょう。

あそび方 少し高い位置にひもを張り、人数分のスカーフを洗濯ばさみで留める。音楽をかけて行います。

❶床にあおむけになり、床から足を上げ、自転車をこぐように足を動かし続けます。

❷音楽が止まったら、走って宝物に見立てたスカーフのところまで行き、ジャンプをしてスカーフを引っぱって取ります。まずは一人1本のルールにし、全員が取れるようにします。

運動が苦手な子へのサポート
- 子どもに合わせてスカーフの位置を調整し、必ず取れるようにします。

⚠ 自転車こぎで、近くの子を蹴らないように間隔を取りましょう。

いろいろ、なわ引き

対象 3歳〜

人数 2人〜

身につく力 ▶ 操作系能力 筋力 瞬発力 平衡性

鍛えられる体幹 ▶

道具 カラーコーン・短なわ・笛

ねらい
- ●腰を落として引く運動で足腰を強くします。
- ●最後まで引いたり、耐えたりして力を出し切ることを覚えます。
- ●勝ち負けが明確なあそびを通して、勝つ喜び、負ける悔しさを体験します。

保育のPoint

※勝敗がつくあそびなので、負けても怒らない、すねない、泣かない気持ちを育てます。

※引く運動がまだ難しいと感じる子どもには、保育者が一緒に引いて感覚をつかめるようにします。

あそび方

❶2チームに分かれ、それぞれ後ろのほうにカラーコーンを敷きます。

❷互いに一人ずつなわを持ち、「**よーい、ドン！**」などのかけ声で、なわを引きます。

❸後ろのカラーコーンにタッチした人の勝ち。タッチできたら、保育者が笛を吹き、「○○**ちゃん、勝ちー！**」と言います。

⚠ 周囲にぶつかるものを置かないようにします。ゲーム終了時の転倒にも注意しましょう。

運動が苦手な子へのサポート

●力の弱い子は、強い子とチームになって勝つ体験ができるようにしましょう。

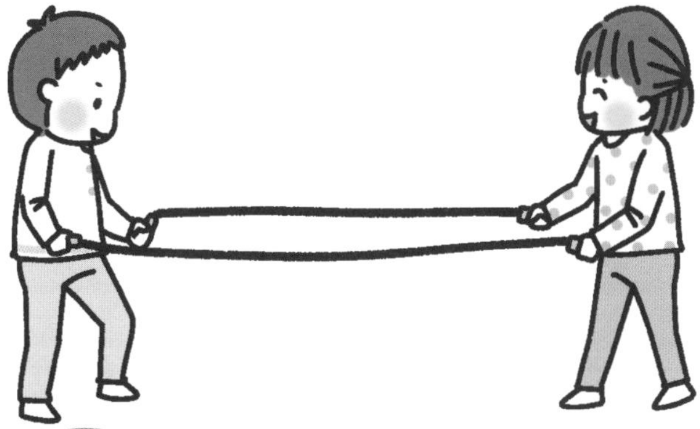

アレンジあそび 1

2本なわ引き

2本の短なわを左右の手に1本ずつ持ち、両方のなわを引き合います。

アレンジあそび 2

結んでなわ引き

2人対2人か、3人対3人で行います。一人1本、短なわを持ち、全員の短なわの端を1つに結び、左右に分かれて引き合います。

アレンジあそび 3

先生運び

一人1本短なわを持ち、保育者が全員のなわの端をまとめて持ちます。子どもたちは、協力して先生を動かします。

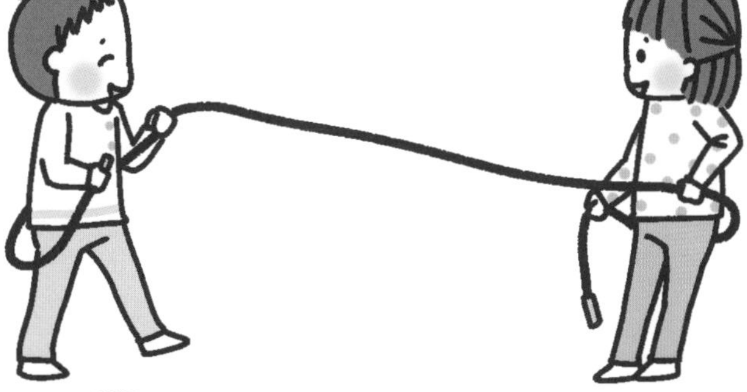

アレンジあそび 4

S字引き

2人で向かい合い、互いになわを体の後ろに巻いてから、体の前で両手で持ちます。なわを引き合って、足が動いたほうが負け。

なわで友達運び

対象	人数
3歳～	2人～

身につく力 ▶ 操作系能力　筋力　握力　瞬発力　平衡性

鍛えられる体幹 ▶

道具 短なわ

ねらい
- ●友達と協力してあそぶことを学びます。
- ●体幹と握力を養います。

保育のPoint

☀引っぱられる子の握力が弱い場合は、なわの輪になったほうを持たせ、引っぱる子がなわの両端を持つようにします。

あそび方 2人組になり、一人は腹ばいになるか、足を伸ばして座り、短なわの両端を持ちます。もう一人は輪になったほうを両手で持ち、相手の子を引っぱって運びます。

運動が苦手な子へのサポート
- ●力の弱い子は、引っぱってもらうほうのみを行います。それだけでもにぎる力がつきます。
- ●体の大きな子に対しては、引っぱる側を2人にしてもよいでしょう。

⚠ 引っぱる方向をそろえ、ほかのペアとぶつからないようにしましょう。

走り跳びでゴー！

対象	人数	身につく力	鍛えられる体幹
3歳～	1人～	操作系能力 リズム感覚 巧緻性	お腹、背中

道具 短なわ

ねらい
●なわを跳ぶことを楽しみながら、操作系能力を養います。

保育のPoint

※なわを逆手で持つ子が多いので、はじめに正しい持ち方を教えましょう。

※前跳びに取り組む前にこのあそびを行うと、なわを後ろから前に回す感覚をつかみやすくなります。

あそび方

❶なわを正しい順手で持ち、マントのポーズをします。

なわを床に置き、山の形を作ります。

見立てた山のふもとの位置に立ちます。なわの持ち手を上からにぎります。

なわをマントに見立て、つけるふりをします。

❷なわをマントに見立てて走り、「ピッ」の合図でなわを後ろから前に回して、なわを跳び越えます。再びマントをつけるまねをし、繰り返します。

❸できるようになったら、走りながら跳ぶ「走り跳び」に挑戦します。

運動が苦手な子へのサポート

●なわを後ろから前に回す感覚をなかなかつかめないときは、保育者が手でなわを送ってあげます。

⚠ 前後の間隔を十分に空け、ほかの子になわを引っかけないようにします。自分の足に引っかけて転倒することもあるので、はじめはゆっくり行いましょう。

2人なわ跳び

対象 5歳〜

人数 2人〜

身につく力 ▶ 操作系能力 リズム感覚 巧緻性 調整力

鍛えられる体幹 ▶ お腹 背中 腰

道具 短なわ

ねらい ●友達と協力し、なわ跳びあそびを楽しみます。

保育のPoint

1回でも跳べたら大成功です。そこから繰り返し挑戦し、回数を増やしていきます。

あそび方

❶2人組になり、ジャンケンをして勝った子がなわを持ちます。

❷2人で一緒に、1本のなわを跳びます。2人で向かい合うパターンと、同じ方向を向くパターンを両方やってみましょう。

❸3回跳んだら、持つ役を交代します。どうやったらうまく跳べるか、アイデアを出し合い、協力してあそびます。

〈向かい合うパターン〉

〈同じほうを向くパターン〉

運動が苦手な子へのサポート

●子ども同士では難しい場合は、保育者とペアを組んで行います。

⚠ ほかの人になわを引っかけないように、周りをよく見てから始めるように伝えましょう。

なわ跳びキャッチ！

対象：3歳～

人数：1人～

身につく力 ▶ 操作系能力／調整力／巧緻性

鍛えられる体幹 ▶ お腹／背中

道具 短なわ

ねらい
●短なわを使って跳ぶ以外のあそび方をすること、ボールの代わりに短なわを使うことで、いつもとは違う感覚を楽しみながらあそびます。

保育のPoint
「**投げて**」「**キャッチ！**」と声をかけ、とくにキャッチのタイミングを意識させます。

あそび方

❶下の絵のように短なわを結び、コンパクトにまとめます。

❷上に投げて、落ちてくるところをキャッチします。屋外や天井の高い部屋で、どのくらい高く投げられるか挑戦してもよいでしょう。

運動が苦手な子へのサポート
●なわをキャッチするのが難しい子は、上へ投げるあそびにします。「**上、上、アップ！**」などと声をかけましょう。

⚠ 狭い場所で大人数で行うと危険なので、少人数ずつで行いましょう。

いろいろ跳び

対象	人数
5歳〜	1人〜

身につく力 ▶ 操作系能力 リズム感覚 巧緻性 調整力

鍛えられる体幹 ▶ お腹 背中 腰 太もも

道具 短なわ

ねらい ●いろいろな跳び方にチャレンジして、なわ跳び運動を楽しみます。

保育のPoint

※なわ跳びがある程度できるようになってから行うあそびです。まだあまり跳べない時期にやろうとすると、苦手意識を持たせてしまうことがあるので気をつけます。

※できている子をほめることも大切ですが、なかなかできずにがんばっている子にも、「**がんばってるね！**」「**できてるよ！**」としっかりほめましょう。

あそび方 なわでいろいろな跳び方をします。

❶はじめに、保育者が見本で跳び、「**はい、どうぞ！**」と声かけをします。

❷子どもは、保育者と同じ跳び方に挑戦します。

❸保育者役を子どもがやっても楽しいです。

いろいろな跳び方

前跳び
なわを前に回しながら跳びます。

片足ケンケン跳び
片足でケンケンをしながら、前回しで跳びます。

かけ足跳び
かけ足をしながら、前回しで跳びます。

後ろ跳び
なわを後ろに回しながら跳びます。

グー・チョキ・パー跳び
両足じゃんけんの要領で足を動かしながら、前回しで跳びます。

スキップ跳び
スキップをしながら、前回しで跳びます。

運動が苦手な子へのサポート

●運動が苦手な子には、「**やらなくてもいいよ**」「**今日は見てようね。見るのも勉強だからね**」と声かけをして、見ることで参加するようにします。

⚠ 子ども同士が近づきすぎないよう、距離を取って行いましょう。

クモの巣くぐり

対象	人数
3歳～	3人～

身につく力 ▶ 操作系能力 協応性 身体認識力 空間認知能力

鍛えられる体幹 ▶ お腹 背中 腰 太もも

道具 短なわ

ねらい
- なわをくぐったり、またいだりして全身運動を促します。
- ゆっくり、静かに動く「静の運動あそび」を楽しみます。
- みんなで1つのあそびに取り組み、協力し合う力や共感力を育みます。

保育のPoint

※みんなで協力して笑い合ったり、「楽しいね」と言い合ったりすることを大切にします。

あそび方

❶なわの持ち手役と、なわをくぐるクモ役の2チームに分かれます。

❷持ち手役の子は、2人で1本の短なわを持ちます。大人数いる場合は、なわが平行になるように並んだり、なわが交差したりするようにし、クモの巣に見立てます。

❸「**うーえ**」「**しーた**」のかけ声でなわを上下させ、「**ストップ！**」で止めます。

❹クモ役の子は、上下になったクモの巣にできるだけ触れず、くぐったり、またいだり、ジャンプで跳び越えたりして反対側まで通り抜けます。

運動が苦手な子へのサポート
- クモ役をするのが難しい子は、持ち手役のみで参加します。
- 少しくらいなわに触れても気にせず、運動を楽しめるようにします。

⚠ 持ち手役の子がおふざけをすると、なわがクモ役の子に引っかかって危険なので、きちんと持つように伝えましょう。

足かけピョンピョン跳び！

対象：4歳〜　人数：1人〜

身につく力 ▶ 操作系能力　調整力　リズム感覚　巧緻性

鍛えられる体幹 ▶

道具 短なわ

ねらい ●左右で異なる動きをする調整力を養います。

保育のPoint

☀「挑戦する」「やってみる」という力を伸ばすように取り組みます。一人ひとりの様子をしっかり見ましょう。

あそび方

❶短なわを結んで輪を作り、一方の足首にかけて回します。

❷慣れてきたら、リズムよく連続して跳び続けます。

❸足の前に回ってきたなわを、なわのついていない反対の足で跳びます。

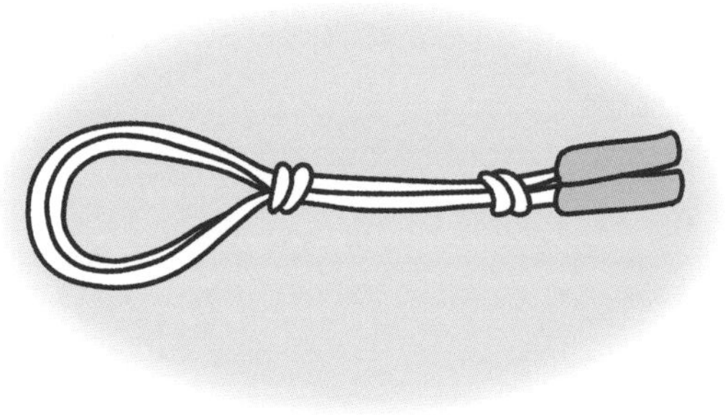

＜輪の大きさの目安＞
輪の中に片足を入れ、足首輪と輪の間に手が入るくらい空くようにします。

運動が苦手な子へのサポート

●なわは足首にかけるだけにして、回さずにそのまま歩いたり、走ったりして楽しみます。

⚠ リズムが合わないと、自分の足を踏んだり、転倒したりすることがあるので、注意して見守りながら進めましょう。

お散歩ゴー！

対象	人数
4歳〜	2人〜

身につく力 ▶ 操作系能力 スピード 身体認識力 空間認知能力

鍛えられる体幹 ▶ お腹 背中 腰 太もも

道具 短なわ

ねらい
- ●全身運動を促します。
- ●ルールを理解し、周りを見ながら走る力を育みます。

保育のPoint

※はじめに保育者がやって見せ、目で見てルールを理解できるようにします。

あそび方

❶2人組になって1本の短なわを持ちます。1人は犬役になり、なわの端をズボンやスカートの腰部分に差し込んで前を走ります。もう1人は犬のお散歩係になり、なわの端を持って、なわが犬から外れないように追いかけて走ります。

❷犬役の子がすばやく走ってなわが外れたら犬の勝ち。なわが外れなかったら、お散歩係の人の勝ち。時間で交代して、もう一度行います。

運動が苦手な子へのサポート

●犬役の子は自由に走り回ることができるので、コースを走ることが苦手な子などは、犬役を思いきり楽しめるようにしましょう。

⚠ なわは腰に差し入れるだけにします。結んでしまうと転倒につながるので、決して結びません。ほかのペアとぶつからないように注意しましょう。

しっぽ踏み

対象	人数
4歳～	2人～

身につく力 ▶ 操作系能力　スピード
身体認識力
空間認知能力
敏捷性

鍛えられる体幹 ▶

道具 短なわ

ねらい ●走ったり、体の向きを変えたりして、すばやく動きながら全身運動を促します。

保育のPoint

※追いつかれそうになったとき、体の向きを変えてしっぽを見せないように反転すると、しっぽを取られないので、ヒントとして伝えましょう。

あそび方

❶2人組になり、1人がなわの端をズボンやスカートの腰の部分に差し入れてしっぽに見立て、走って逃げます。

❷もう1人は、しっぽをつけた子を追いかけて走り、しっぽを踏もうとします。うまく踏んで、しっぽが外れたら勝ち。役を交代して、もう一度行います。

運動が苦手な子へのサポート

●しっぽを踏むことが難しい子も、走ることが運動になるので、一緒に走って楽しみます。

アレンジあそび

保育者対子ども

保育者が腰の両脇と背中側に計3本のなわをつけて逃げます。それを子どもが追いかけます。

⚠ 子ども同士でぶつからないように、十分な広さがあるところで行いましょう。

体に乗せて、バランスあそび

対象	人数
3歳～	1人～

身につく力 ▶ 操作系能力 / 平衡性 / 協応性 / 身体認識力

鍛えられる体幹 ▶

道具 お手玉

ねらい
●体に乗せたお手玉が落ちないようにするバランスの取り方を体験します。

保育のPoint
※保育者は、大きな動きではっきりと手本を見せましょう。

あそび方

❶「**頭、肩、ひざ、ポン♪**」の歌に合わせて、お手玉をそれぞれの部位に乗せていきます。

❷保育者が「**頭～**」と言ったら、その部位にお手玉を乗せて手を離します。

❸そのまま5秒間くらい、お手玉が落ちないようにバランスを取ります。

アレンジあそび

立ってしゃがんで

お手玉を頭の上にそっと乗せ、その場で腰を落としてしゃがんで元に戻ります。これを繰り返します。

運動が苦手な子へのサポート

●難しい場合は、お手玉を落としてもOKとし、難しい、できないと思わずにあそびを楽しめるようにします。

●自分でお手玉を乗せられない子には、保育者が乗せてあげます。

いろいろなポーズでお手玉キャッチ

対象	人数
4歳～	1人～

身につく力 ▶ 操作系能力　平衡性　協応性　身体認識力

鍛えられる体幹 ▶

道具 お手玉

ねらい
●お手玉をいろいろな姿勢でキャッチすることで体のバランスを保ち、体幹作りにつながります。

保育のPoint

※片足立ちや、ひざ立ちなどの姿勢がきちんとできているか、一人ひとりをしっかり見ましょう。

※上手にできている子、がんばって挑戦している子をお手本にして、みんなの前で発表してもらいます。

あそび方 いろいろな姿勢でお手玉を投げて、キャッチします。

姿勢の例

運動が苦手な子へのサポート

●お手玉をなかなかキャッチできない子には、「**落としてもいいんだよ**」「**キャッチできなくてOK！**」と声をかけましょう。

●投げてキャッチができない場合は、伝えた姿勢で、保育者が子どもの手の中にお手玉を落とし、「**おにぎり、ぎゅっ、ぎゅっ**」と声をかけながらぎゅっとにぎる感覚を体験させましょう。

新聞破り

対象	人数
3歳～	1人～

身につく力 ▶ 操作系能力 協応性 空間認知能力

鍛えられる体幹 ▶

道具 お手玉・新聞紙またはフープ・カラーテープ

ねらい
- 投げるときの体の使い方を覚えます。
- 新聞が破れるまで投げることで、達成感を味わいます。

保育のPoint

- お手玉を強く投げるためには、全身を使う必要があることを体感させます。
- 上手に投げることよりも、友達と協力して新聞紙を破る楽しさを味わえるようにします。

あそび方

❶保育者2人で新聞紙の両端を持ちます。

❷投げる場所を決め、そこから新聞の真ん中をめがけてお手玉を投げ、新聞紙が破れるまで投げ続けます。

アレンジ

☆フープに新聞紙を貼ってみる☆

新聞紙を貼ったフープを保育者が持って逃げるあそび方も楽しいです。子どもは保育者を追いかけ、新聞紙を破ります。

運動が苦手な子へのサポート

- 力が弱い子などには、新聞紙にあらかじめ小さな穴をいくつか開けておき、破れやすくします。薄紙を使ってもよいでしょう。

お手玉運び

対象	人数
4歳～	2人～

身につく力 ▶ 操作系能力
平衡性
身体認識力
筋力

鍛えられる体幹 ▶ \お腹/ \背中/ \ 腰 / \太もも/

道具 お手玉・フープなど（ゴールの目印になるもの）

ねらい ●ゲームを楽しみながら、体幹を強くします。

保育のPoint

※マットの上で手押し車を行います。しっかりと手をついてできるようになったら、床の上で行います。

※慣れてきたら、ジグザグのコースでもやってみましょう。

あそび方

❶2人組になり、一人が床に手をつき、もう一人がその子の両足を持って「手押し車」を行います。

❷手押し車役の子の背中にお手玉を乗せて、「**歩いて1、2**」のかけ声に合わせてお手玉を落とさないように進みます。

❸宝箱に見立てたフープなどをゴールにし、ゴールに着いたら、役割を交代してもう一度行います。

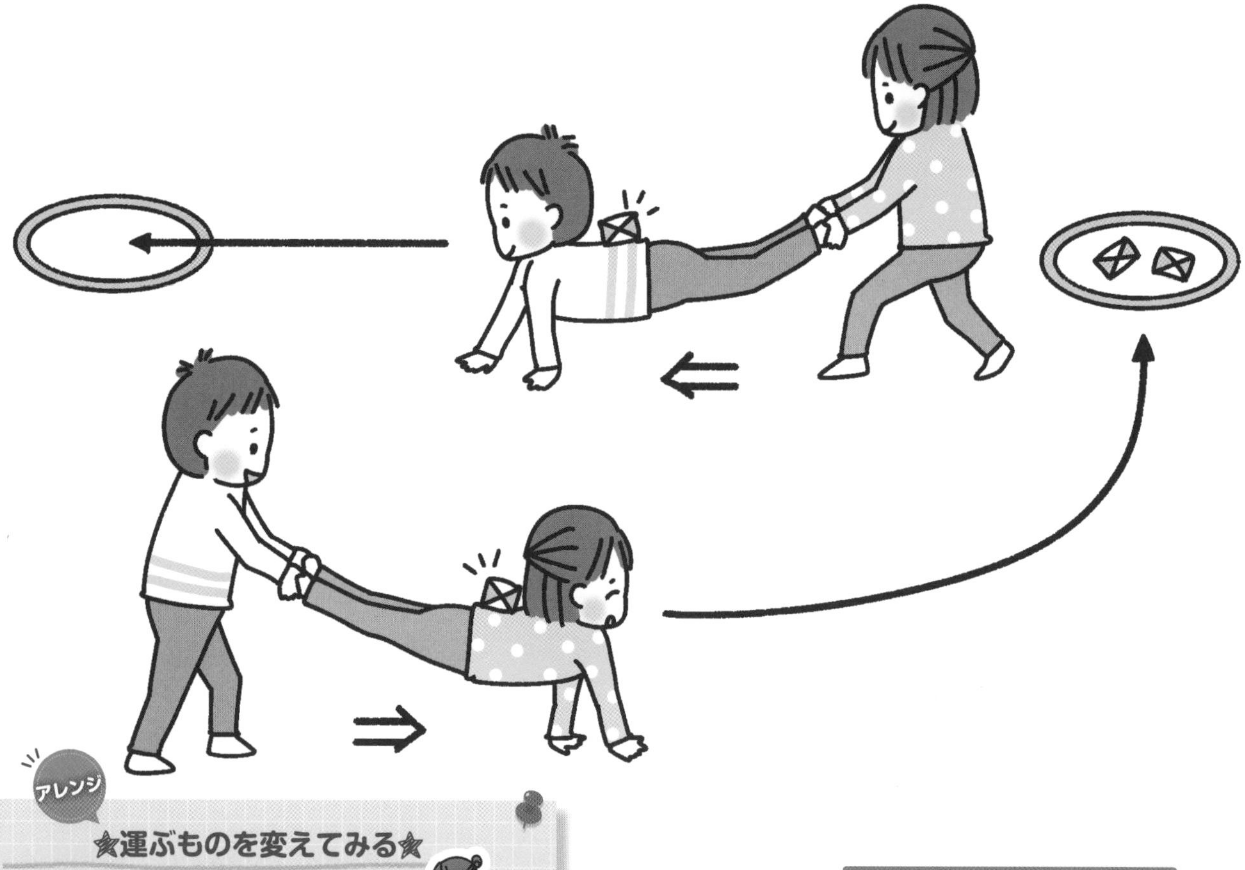

アレンジ

☆運ぶものを変えてみる☆

お手玉の代わりに、小さな段ボール箱やブロックなどにして運ぶのも楽しいです。

運動が苦手な子へのサポート

●手押し車の形ができない子には、保育者がお腹を下から支えたり、腰を持ったりして補助します。

⚠ 足を持つ役の子が速く進みすぎると、手押し車役の子が前につんのめってしまうので、スピードを合わせるように伝えます。速いときは、「**ゆっくり、ゆっくり**」と声をかけましょう。

カエルジャンプでお手玉入れ

対象	人数
3歳～	1人～

身につく力 ▶ 操作系能力／リズム感覚／協応性／身体認識力

鍛えられる体幹 ▶ お腹／背中／腰／太もも

道具 お手玉・フープ・なわ・笛など

ねらい
- 強い足腰を作ります。
- 目標に向かって投げる操作運動を楽しみます。

保育のPoint

- 1列になって友達を追い抜かさずに進むか、自分のペースで自由に進むか、どちらにもよい点があるので、そのときの状況に応じてルールを決めるとよいでしょう。
- 勝ち負けはないので、お手玉がフープに入らなくても、保育者がはげましや盛り上げる声かけをして楽しくあそびます。

あそび方 フープを真ん中に置き、なわでコースを作ります。

❶お手玉を持ち、カエルジャンプでコースの周りをジャンプしていきます。

❷笛などの合図で止まり、「1、2、3」のかけ声で、フープの中にお手玉を投げ入れます。

❸投げたお手玉を取りに行き、またカエルジャンプから始めます。

しゃがむ運動

しゃがんだ姿勢から大きく前へジャンプする運動なので、強い足腰を作ります。

運動が苦手な子へのサポート

- 進むのがゆっくりな子には、速く進む子がいても気にしなくていいことを伝え、自分のペースで楽しめるようにします。

体でお手玉キャッチ

対象	人数
5歳～	1人～

身につく力 ▶ 操作系能力／調整力／協応性／身体認識力

鍛えられる体幹 ▶ お腹／背中／腰／お尻／太もも

道具 お手玉

ねらい
- 体のいろいろな部位を使う操作系の運動を楽しみながら、体幹も強くします。
- どんな投げ方をするとお手玉をキャッチしやすいかを、自分で考えることで知育につなげます。

保育のPoint

※難しいキャッチも行いながら、挑戦することを楽しむ時間にします。

あそび方 いろいろな姿勢で投げたお手玉を、体のいろいろな部位を使ってキャッチします。

足を伸ばして座り、足先で挟んでキャッチ。

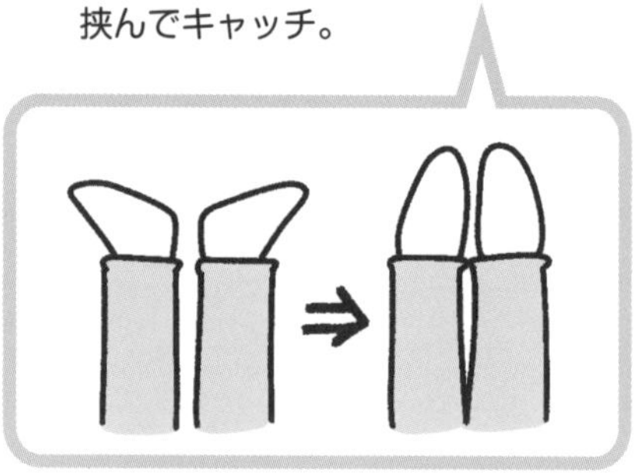

ひざを立てて座り、ひざで挟んでキャッチ。

あおむけになって、足先で挟んでキャッチ。

つま先にお手玉を乗せ、足で投げ上げて手でキャッチ。

運動が苦手な子へのサポート
- 体のいろいろな部位を使うことが難しい場合は、手でキャッチするだけで参加します。
- 投げてキャッチができない場合は、保育者が上からお手玉を落とし、キャッチするところだけを行います。

⚠ お手玉をひざで挟んでキャッチする際は、勢いよく行うと、ひざ同士を強くぶつけてしまうので、注意して行うように伝えましょう。

つまんでキャッチ

対象 4歳〜

人数 1人〜

身につく力 ▶ 操作系能力
調整力
協応性
身体認識力

鍛えられる体幹 ▶ \お腹/ \背中/ \腰/ \お尻/

道具 お手玉

ねらい
●足の指を使い、細かい運動を行う力を育みます。
●片足立ちになることでバランス力を育みます。

保育のPoint

※競争する際は、チーム制にすると苦手な子も取り組みやすくなります。

あそび方

❶たくさんのお手玉を、床にバラバラに置きます。

❷足の指でお手玉を挟んで持ち上げ、手でそれを取ります。

❸慣れてきたら、時間内でお手玉をいくつ取れるか競います。

勝敗の決め方

・お手玉をたくさん取った子が勝ち。
・保育者が引いたお手玉と同じ色のお手玉を取った子が勝ち。

運動が苦手な子へのサポート

●数が多く取れず、やる気をなくしてしまう子がいます。その場合は、勝敗の決め方を工夫し、誰もがチャンピオンになれる環境を作ります。

ネコさん、イヌさん

対象	人数	身につく力	鍛えられる体幹
4歳〜	1人〜	操作系能力 身体認識力 柔軟性	お腹／背中／腰

道具 お手玉

ねらい
- 背中を丸めたり、伸ばしたりすることで柔軟性を高めます。
- 自分の体を、イメージどおりに動かす力を育みます。

保育のPoint

※はじめに、保育者が見本のポーズをします。子どもがよく見えるように行いましょう。

※上手な子がいたらチャンピオンにして、みんなの前で発表してもらいます。

あそび方

1. 手とひざを床につき、背中をまっすぐにしてイヌのポーズをします。
2. 保育者が子どもの背中にお手玉を乗せます。
3. お手玉を乗せたまま、背中を丸め、ネコのポーズをします。
4. 保育者が「**イヌ**」「**ネコ**」と声をかけ、それぞれのポーズを繰り返します。

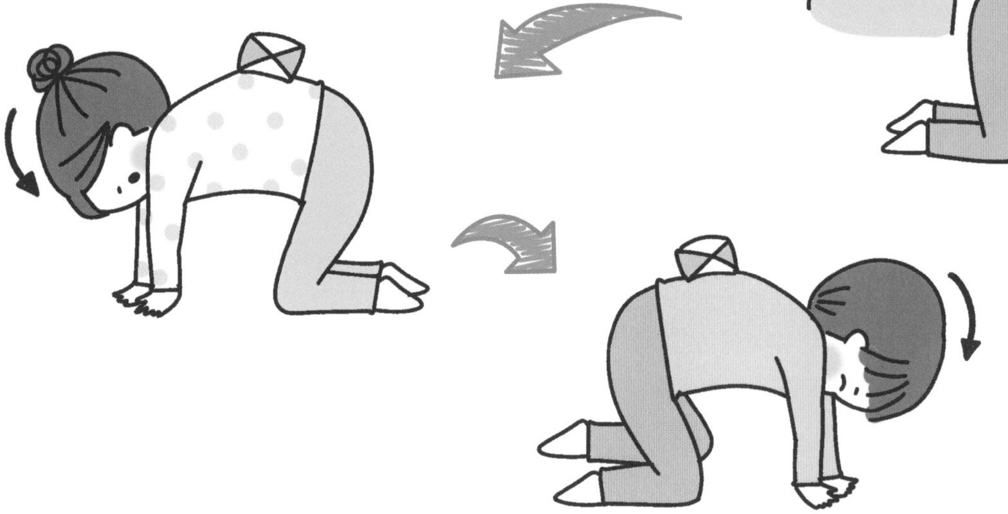

運動が苦手な子へのサポート

- 背中を丸めるネコのポーズは難しく感じる子もいますが、繰り返し取り組むことで思いどおりに動かせるようになります。気長に見守りましょう。

持って走って、ボールに座る

対象 3歳～　人数 1人～

身につく力 ▶ 協応性　平衡性　敏捷性　巧緻性

鍛えられる体幹 ▶

道具 ボール・マットなど（コースを作るもの）・笛など

ねらい
- ●2つの異なる運動を組み合わせて行う力を育みます。
- ●ボールに座ってバランスを取る力を育みます。

保育のPoint

元気に走りたくなる音楽をかけて行うと、気持ちが乗り、子どもの動きも変わっていきます。

あそび方

❶マットなどでコースを作り、ボールを持って走ります。

❷「す～わる♪」のかけ声で、すばやくボールの上に座ります。タンブリンや笛の合図で座ってもOKです。

❸保育者の合図で、また走り出して繰り返します。

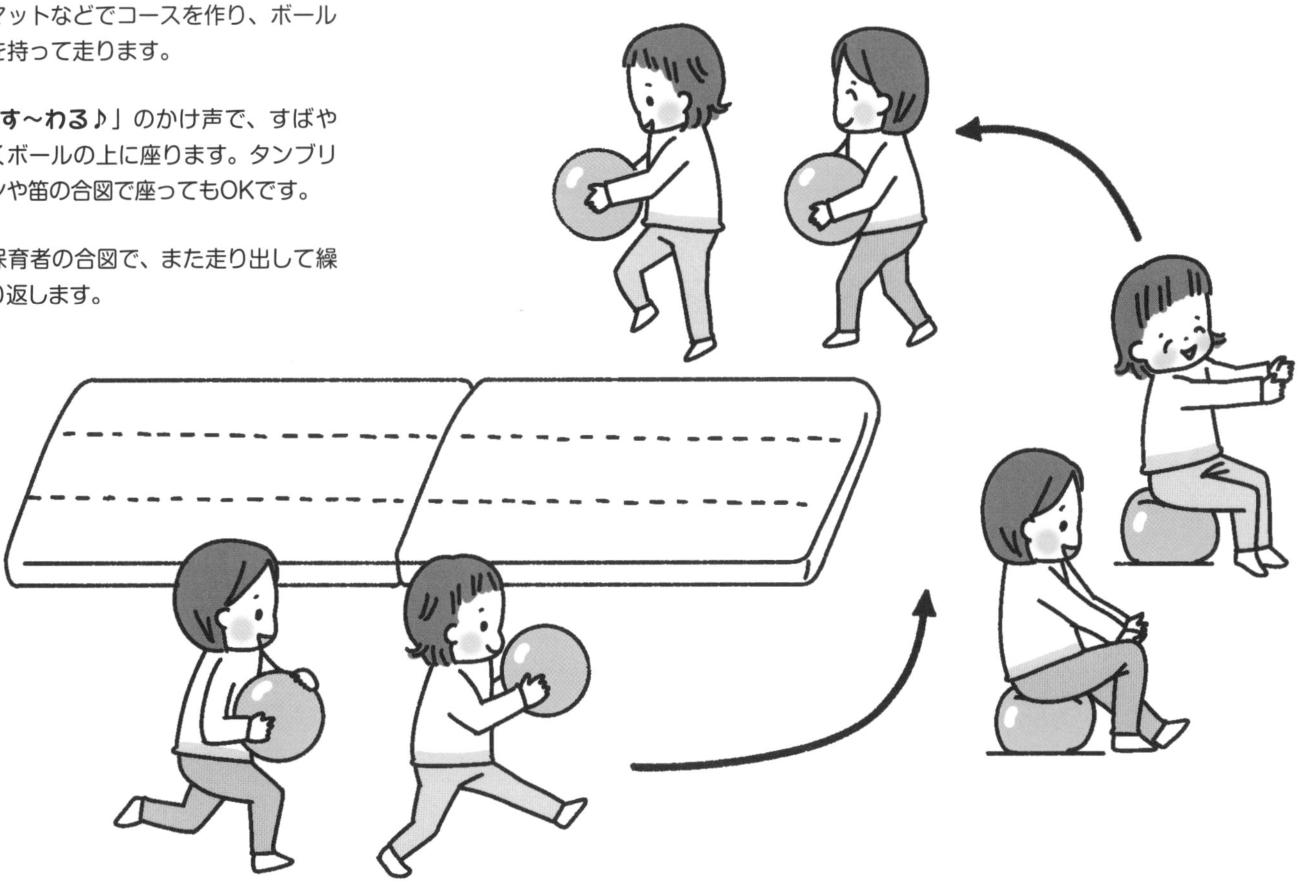

アレンジ

ボールの乗せ方などを変えてみる

頭の上に乗せて走る、肩に乗せて走る、ボールをおんぶして走る、などアレンジを加えることで、子どもが運動に飽きることなく取り組めます。

運動が苦手な子へのサポート

- ●ボールに座るのが難しい子は、保育者が後ろから支えて補助します。

⚠ 落としたボールに乗って転倒したり、ボールを拾いに行く子とぶつかったりしないように注意しましょう。

ボール取りっこ

対象	人数
4歳〜	2人〜

身につく力 ▶ 筋力
身体認識力

鍛えられる体幹 ▶

道具 ボール

ねらい
●友達と触れ合い、競ってあそぶことで、情緒の発達を促し、社会性を育みます。

保育のPoint

- 「爪を立てない」「服を引っぱらない」などのルールを伝えてから取り組みます。
- どちらの子にも、「**がんばれー！**」「**取っちゃえー！**」などと声をかけて応援します。
- 勝ち負けにこだわりすぎず、友達と一緒にあそべるという楽しい雰囲気にしましょう。

あそび方

❶2人組になってボールを間に置き、床に正座します。背中をまっすぐにし、両手の人さし指を立てて角を作り、「ウシさんのポーズ」をします。

❷保育者の「**ゴー！**」のかけ声で、すばやくボールを取ります。「**モー！**」や「**ムー！**」など引っかけ言葉を使うと、聞く力が身につきます。

❸ボールを取った子は、取り返されないように体を使ってボールを守ります。

アレンジあそび

寝ころんでスタート

スタートするときのポーズを、あおむけやうつぶせに変えてみましょう。

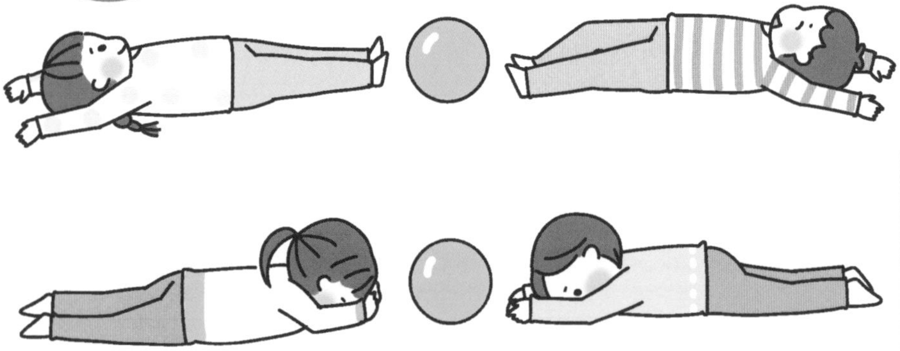

運動が苦手な子へのサポート

●力が入りにくい子は、保育者が相手になり、ボールをにぎる感覚をつかめるようにします。「**にぎ、にぎ、ぎゅう**」などと声かけをしましょう。

⚠ 爪で相手を引っかいてしまわないように注意し、体の使い方を学べるようにしましょう。

体の周りころがし

対象	人数
4歳～	1人～

身につく力 ▶ 柔軟性／身体認識力／巧緻性

鍛えられる体幹 ▶

道具 **ボール**（大・中・小サイズ）

ねらい ●ボールを使って自分の体を認知するとともに、ボールの操作性能力を高めます。

保育のPoint

- 大きいボールのほうがやりやすいので、慣れたら小さなボールに挑戦するとよいでしょう。
- **「ボールがころがっていっちゃったら、取りに行けば大丈夫だよ」**と声かけをして、失敗しても安心して取り組めるように促します。

あそび方 ボールを持ち、体につけてころがすように、お腹、ひざなど、いろいろな体の部位の周りを1周させます。足の周りは足の間をくぐらせ、8の字を描くように1周させます。反対回りも行います。ボールの種類も変えてやってみましょう。

アレンジあそび

柔軟性をもっと高める姿勢で

床に両足を伸ばして座り、ボールを１周させれば、上体の動きが増し、柔軟性がより高まります。

運動が苦手な子へのサポート

●ボールを浮かせて扱うことが難しい場合は、床にボールをつけて足の周りをころがしたり、床に座って自分の周りをころがしたりしましょう。

ころがるボールに座ろう

対象	人数
4歳〜	1人〜

身につく力 ▶ 協応性 / 平衡性 / 空間認知能力

鍛えられる体幹 ▶

道具 ボール

ねらい
- 動いている物に対してタイミングを合わせることを覚えます。
- しゃがむ動作と、バランスを取ることで足腰やお腹の力を強くします。

保育のPoint
- 最初はボールをゆっくりころがします。
- 上手に座れたら、「**すごーい！**」「**座れたねー**」と、たくさんほめましょう。

あそび方

❶保育者と子どもが少し離れて向き合い、ボールをころがします。

❷子どもはころがってきたボールに座ります。はじめは保育者がタイミングを見て、「**座る♪**」と声をかけます。慣れたら声かけなしで、子ども自身でタイミングを合わせて座ります。

❸座ったボールを返しに行きます。「ボールを手に持ち、ケンケンして返しに行く」や「ボールを足に挟んで両脚ジャンプで返しに行く」など、返し方をいろいろ工夫して楽しみましょう。

運動が苦手な子へのサポート
- 難しい場合は、壁に背をもたれかけて止まっているボールに座ります。なれたら、壁に背をもたれかけた状態で待ち、ころがってきたボールに座ることにも挑戦します。

⚠ ボールに座ろうとして尻もちをついたり、後ろに転倒したりすることもあるので注意して行いましょう。

バウンスキャッチ

対象	人数
5歳〜	2人〜

身につく力 ▶ 調整力 巧緻性 身体認識力

鍛えられる体幹 ▶

道具 ボール・フープ（中〜大のサイズ）

ねらい
●協力して取り組むことや、成功したときに一緒に喜ぶ共感力を育みます。

保育のPoint
※ボールを1人でつくときは真下に落としますが、このあそびでは前方をねらって投げることを伝えます。

あそび方

1. 2人で向かい合って立ち、真ん中にフープを置きます。★はじめはフープなしで行ってもOKです。
2. ボールをフープの中で1回バウンドするように投げ、相手がキャッチします。ボールを頭の上から落とすようにすると、キャッチしやすい大きなバウンドになります。

アレンジあそび

片足キャッチ

キャッチする子は片足立ちになり、そのままボールをキャッチします。

運動が苦手な子へのサポート
●フープの中にボールをつくことが難しい場合は、フープなしで行います。

ボールつき

対象	人数
3歳〜	1人〜

身につく力 ▶ 調整力　リズム感覚　巧緻性

鍛えられる体幹 ▶

道具 ボール

ねらい

●1段階ずつレベルアップしながらボールつきを行い、連続してつくことを目標にします。

保育のPoint

※少しずつ段階を踏むことで、「できない」と思わずに、達成感を味わいながら次に進んでいけるようにします。

※操作系の運動あそびは、できない経験が苦手意識につながるので、ゆっくり楽しみながら進めます。「**上手にできなくていいんだよ**」「**失敗していいんだよ**」と伝えることも大切です。

あそび方 次のような順で、レベルアップしながらボールつきを行います。

❶**「落としてキャッチ」**
ボールを下に落として、はずんだボールをキャッチ。保育者が「**食べちゃうよー**」とボールを取るまねをして、子どもがキャッチするように意識を向けさせます。

❷**「ついて、ついて、キャッチ」（両手）**
ボールをついて、はずんだボールを1回ついて、次にはずんだときに両手でキャッチ。

❸**「ついて、ついて、キャッチ」（片手）**
❷と同じことを片手キャッチで行います。

❹**「ついて、ついて、ついて、キャッチ」**
つく回数を増やしていきます。

運動が苦手な子へのサポート

●つくことが難しい場合は、保育者が子どもの後ろに立ち、子どもの手を包むように手を添えながら一緒にボールをつきます。一緒に行うことで、ボールをつくリズムを体で覚えられます。

⚠ ボールは子どもに合った大きさと重さのものを選びましょう。

足上げボール運び

対象	人数
5歳～	3人～

身につく力 ▶ 筋力　調整力　協応性　身体認識力

鍛えられる体幹 ▶

道具　ボール・マット・カラーコーン

ねらい

- ボールを挟んだ足を持ち上げることで、体幹を強くします。
- 1つずつ位置をずらしながら異なる動作をするあそびを通して、理解力や状況を判断して動く力を育みます。
- 友達と協力して取り組むことを楽しみます。

保育のPoint

- 次に何をすればよいか、どこへ移動すればよいのかがわからなくなる子どももいるので、丁寧にサポートします。
- 上手に行うことより、友達と協力することを楽しめるようにします。

あそび方

1. マットにあおむけに寝るチームとボールを受け取るチームに分かれます。
2. あおむけに寝ている子は足にボールを挟み、両足を上げて友達に送ります。
3. ボールを渡した子は、自分のボールが送られてくるのを受け取り、列の後ろに並びます。
4. 時間でチームの役割を替え、同様に行います。

2人でボール運び

対象	人数
4歳〜	2人〜

身につく力 ▶ 身体認識力 空間認知能力

鍛えられる体幹 ▶

道具 ボール

ねらい
- ●お腹や背中に力を入れる感覚を学びます。
- ●友達と体を触れ合い、協力するあそびを楽しみます。

保育のPoint

☀「**歩いて1、2！**」など、リズムよく声をかけましょう。

あそび方 2人組になり、体のいろいろな場所でボールを挟み、一緒にボールを運びます。

〈お腹で挟んで歩く〉

〈背中で挟んで歩く〉

〈ほっぺで挟んで歩く〉

運動が苦手な子へのサポート

- ●ボールを挟んで移動することが難しい場合は、その場でボールを挟むだけでもよいです。

⚠ 夢中になって興奮しすぎることがあるので、静かな音楽などを流しながら行うとよいでしょう。

ボールころころ空飛んで

対象	人数
4歳〜	1人〜

身につく力 ▶ 柔軟性 調整力 空間認知能力

鍛えられる体幹 ▶ \お腹/ \背中/ \腰/ \お尻/

道具 ボール

ねらい
- 手足を伸ばし、空を飛ぶポーズで回転することで体幹を強くします。
- 友達とぶつからないように、考えて動くことを学びます。

保育のPoint

※少しでも床からボールを上げることができたら、「**すごいね！**」「**上がってるね！**」とできていることをほめ、次の意欲につなげます。

あそび方

1. 床に寝てボールを頭の上で持ち、自由に好きな方向にころがります。
2. 保育者が「**シャッキーン！**」と声をかけたら、うつぶせで両手両足を持ち上げて、「空を飛ぶポーズ」になり、ボールも持ち上げます。
3. そのまま数秒間保持し、保育者が「**オーケー！**」と声をかけたら脱力します。

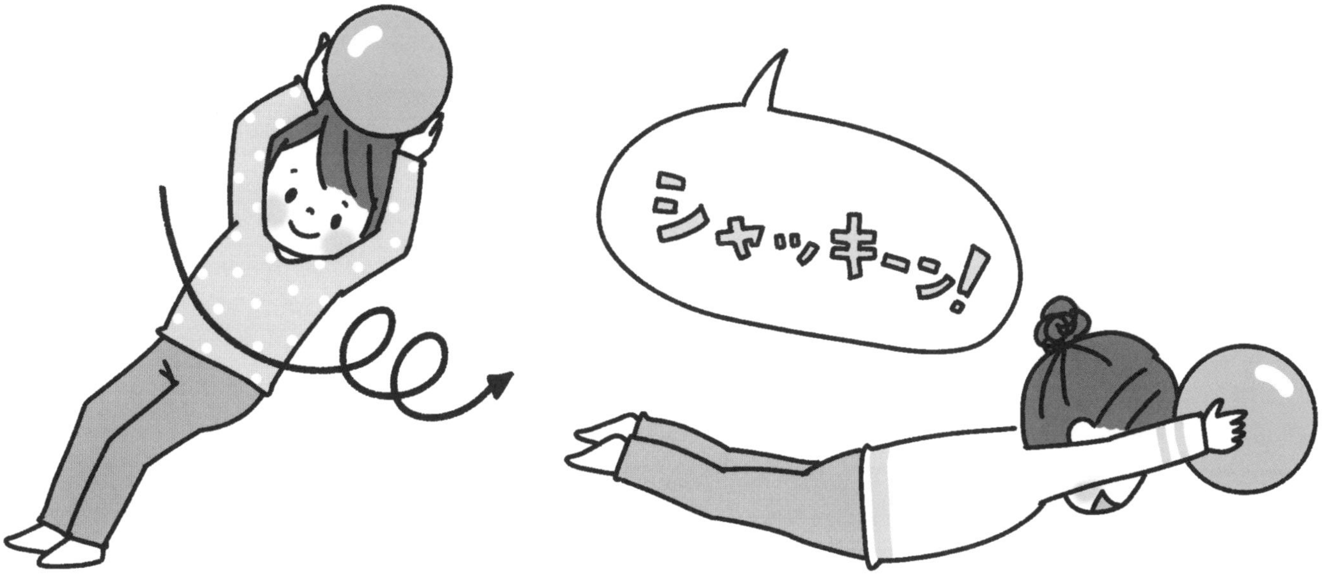

運動が苦手な子へのサポート

- 寝た姿勢でボールを持ち上げるのが難しい場合は、空を飛ぶ姿勢だけを作り、保育者がボールを支えます。

⚠ 狭い場所で行う場合は、気をつけていてもぶつかりやすいので、一方向だけにころがります。空を飛ぶ姿勢の保持がメインの運動なので、ころがる移動は少しでOKです。

回ってボール投げ

対象 4歳～　**人数** 2人～

身につく力 ▶ 巧緻性 / バランス感覚 / リズム感覚 / 空間認知能力

鍛えられる体幹 ▶ ＼お腹／ ＼背中／ ＼腰／

道具 ボール

ねらい

- ●回転運動のあと、すぐにボールを投げる方向に体を向けることで、空間認知能力やバランス感覚を育みます。
- ●ボールを正しく投げる姿勢・動作を身につけます。

保育のPoint

- ☀ボールを遠くへ投げるあそびにもつなげたいので、的は適切な位置に置いて、視線を上へ向けられるようにします。
- ☀1球ずつ交代するより、連続して数球投げてから交代するほうが感覚をつかみやすくなります。

あそび方

❶ボールを投げる子は、最初は的に背中を向けて立ち、保育者か、別の子が投げてくれるボールをキャッチします。

❷ボールをキャッチしたら、体を90度回転させて的に対して横向きになり、的に向けて片手でボールを投げます。

★右手で投げる子と左手で投げる子では、回転の方向が反対になります。右手で投げる子は左足が前に、左手で投げる子は右足が前に出るポーズ（姿勢）を作ります。

★ボールの大きさを変えて★

遠くへ投げるには、片手でにぎりやすい小さめのボールがおすすめです。たくさん投げて、投げる運動を楽しみましょう。

運動が苦手な子へのサポート

- ●回転して投げることが難しい場合は、的に対して横向きに立った状態からボールを投げます。

⚠ 誰かが投げているときにボールを取りに行くと危険なので、投げるボールがすべてなくなってから取りに行くようにしましょう。

PART③

バランス系 運動あそび

不安定な状態で、体のバランスを取る運動あそびです。平均台やバランスボールなどの遊具を使い、移動しながらバランスを保ったり、その場で身体バランスを保ったりするあそびがあります。様々なバランスあそびを通して、くずれる姿勢を立て直すための力を養いましょう。

ぐらぐらマット

対象	人数
3歳〜	2人〜

身につく力 ▶ 平衡性 敏捷性

鍛えられる体幹 ▶ お腹 背中 腰 お尻 太もも

道具 マット

ねらい
- くずれそうになる姿勢を保つことで、バランス力を高めます。
- 足の裏でしっかり立ち、体の軸を感じます。

保育のPoint

※周りで見ている子も盛り上がるので、みんなで応援したり、わくわくしながら待ったりすることも楽しみ、「やりたい！」という気持ちを引き出します。

あそび方 2〜3人がマットの上に立ち、保育者がマットを前後左右に揺らします。マットの上の子は、手やひざをついたり、尻もちをついたりしないようにバランスを取ります。

運動が苦手な子へのサポート

- 立ってバランスを取ることが難しい場合は、あぐらをかいたり、ひざを立ててお山座り（体育座り）をして行います。

⚠ マットの外にころんだり、子ども同士がぶつかったりしないように、気をつけて揺らしましょう。

ラクダのこぶ乗り

対象	人数
4歳〜	1人〜

身につく力 ▶ 平衡性 身体認識力

鍛えられる体幹 ▶ \お腹/ \腰/ \お尻/ \太もも/

道具 マット・ボール

ねらい
●でこぼこしたマットの上をジャンプして進むことでバランス感覚を育みます。

保育のPoint

※足首をやわらかく使える子はバランスを取るのが上手です。足首がかたそうな子には、まず、しゃがむ運動やアヒル歩きで足首をやわらかくしてから、このあそびを進めてもいいでしょう。

あそび方

1. マットをつなげて敷き、下にボールを数個入れてでこぼこを作り、ラクダのこぶに見立てます。
2. 音楽をかけ、こぶからこぶへ、両足跳びでジャンプして進んでいきます。
3. 音楽が止まったらストップし、こぶの上でバランスを取ります。

運動が苦手な子へのサポート

●ジャンプで進めない場合は、でこぼこの上を歩きます。歩くだけでもバランス運動になります。

⚠ 複数の子が同時に行うと、けがにつながりやすいので、一人ずつ順番に行いましょう。

おすもう

対象 4歳～

人数 2人～

身につく力 ▶ 筋力　瞬発力
平衡性
身体認識力

鍛えられる体幹 ▶

道具 マット

ねらい

- 押す・ふんばる・たえる・支えるなどの体の使い方を覚えながら、体幹を強くします。
- 友達と体を触れ合うあそびを楽しみます。

保育のPoint

※負けたときは、泣く・怒る・ふてくされるなど、子どもによって反応はさまざまです。その気持ちを一度出させてから、「次は勝とう」という気持ちになるように促したり、心のフォローをしたりするようにしましょう。

あそび方 マットを土俵に見立て、さまざまな種類のすもうを楽しみます。マットから体の一部が出たら負けです。「片足が出たら負け」「両足が出たら負け」「お尻をついたら負け」など、いろいろなルールで行うとより楽しめます。

アレンジあそび 1

ケンケンずもう

片足でケンケンしながら行います。両足をついたら負けです。

アレンジあそび 2

尻ずもう

お尻と背中で相手を押し出します。

運動が苦手な子へのサポート

- 2対2で行ったり、保育者と取り組んだりすることで、勝つことを体験させます。

⚠ つねらない・蹴らない・くすぐらない・爪を立てないなどのルールをきちんと伝えて行いましょう。

ボールでトレーニング

対象 5歳〜

人数 1人〜

身につく力 ▶ 筋力 平衡性 調整力

鍛えられる体幹 ▶

道具 マット・ボール（1人2個）

ねらい ●不安定な場所で腕立てポーズをすることで、バランス力を育み、体幹を強くします。

保育のPoint

☀はじめは、腰が曲がってへの字になってもOKです。徐々に背中から足までが一直線になるように挑戦します。

あそび方

マットの上にボールを２個置き、それぞれの上に手をついて、腕立てのポーズで静止します。

アレンジあそび1 足にボール

腕立てのポーズで、両足にボールを乗せた状態で静止します。

アレンジあそび2 挟んでキャッチ！

立ったまま足の内側でボールを挟み、ジャンプをすると同時にボールを投げ上げ、そのボールをキャッチします。

運動が苦手な子へのサポート

●保育者が腰を持って補助します。

●空気を少し抜いた大きめのボールを使うと、安定しやすくなります。

⚠ グラグラして手が外れると、顔をマットにぶつけることがあるので注意して行いましょう。

バランスポーズオニ

対象	人数
4歳～	3人～

身につく力 ▶ 空間認知能力
柔軟性
調整力
平衡性

鍛えられる体幹 ▶

道具 なし

ねらい ●オニごっこを楽しみながら、バランス力を育み、体幹を強くします。

保育のPoint

※逃げることを楽しむ子、助けることを楽しむ子、ポーズをがんばる子など、それぞれの取り組み方を認め、自発性を促します。

あそび方

ポーズ① 片手バランス

ポーズを取った子の足を、ほかの子が2人跳び越えたら復活できます。

オニごっこをして、つかまった子はいろいろなバランスポーズで静止します。

ほかの子は、ポーズごとのやり方で、つかまった子を助けます。

ポーズ② V字バランス

友達が両手を引っぱって立たせてくれたら、復活できます。

運動が苦手な子へのサポート

- ●バランスポーズは正確ではなくてもOKとします。
- ●助け方のルールを理解できない場合は、保育者が“お助けマン”になって、つかまった子を復活させせます。

⚠ 夢中になりすぎて、子ども同士がぶつからないように声をかけましょう。

走って、立って、バランス

対象	人数
3歳～	1人～

身につく力 ▶ 平衡性 / 敏捷性 / 身体認識力

鍛えられる体幹 ▶

道具 平均台・笛など

ねらい ●「走る」（動）から「バランス立ち」（静）への切り替えをスムーズに行います。

保育のPoint

※平均台に立つとき、速さを競ったり、あせったりしないように、**「ゆっくりでも立てたらチャンピオンだよ」**と伝えます。

あそび方

❶みんなで平均台の周りを元気に走ります。

❷笛の合図や、音楽が止まったら走るのをやめ、それぞれの場所から平均台にのぼります。

❸平均台の上に立ち、指示されたポーズを取ります。

運動が苦手な子へのサポート

●平均台の上に座ることから始め、できるようなら立つことに挑戦します。

⚠ あわてて平均台を踏み外さないように、**「ゆっくり♪」**と声をかけましょう。

ポーズ、ポーズ

対象	人数
4歳〜	3人〜

身につく力 ▶ 平衡性
柔軟性
身体認識力

鍛えられる体幹 ▶

道具 平均台・マット

ねらい
- 見たポーズをまねして同じポーズを取ることと、バランスを取ることを同時に行います。
- 友達の前でポーズを発表する力と、友達のポーズを見て学ぶ力を育みます。

保育のPoint

※平均台に乗った全員がポーズを取るまで、時間がかかっても見守ります。

※「**落ちても大丈夫！**」「**ゆっくり挑戦すればいいよ**」などと声かけをし、子どものペースで何度も挑戦できるようにします。

あそび方

❶子どもは平均台の上に立ちます。

❷保育者が「**ポーズ、ポーズ、これできる?**」と言って手本を見せます。

❸子どもは、保育者と同じポーズをしながらバランスを取ります。

★ポーズの例★

片足立ち／しゃがむ／カニ歩き／1周回る／体の部位タッチ（頭、肩、ひざなど）

運動が苦手な子へのサポート

- 高い平均台で行うのが難しい場合は、平均台を低くしたり、平均台の代わりに幅広のテープを床に貼るなどして行います。

⚠ 平均台の上で子ども同士が近づきすぎると、一緒にバランスをくずしやすいので、間隔を広く取りましょう。

坂道平均台歩き

対象	人数
3歳〜	1人〜

身につく力 ▶ 調整力　身体認識力　空間認知能力　平衡性

鍛えられる体幹 ▶

道具　平均台・マット・跳び箱や巧技台など

ねらい
●台の上を歩くことで、体の使い方やバランスの取り方を覚えます。

保育のPoint
☀はじめは傾斜をゆるくし、移動の姿勢も簡単なものから徐々に難易度を上げていきます。

あそび方　傾斜をつけた平均台を、歩いてのぼったり、腹ばいでのぼったりします。

★安全に行うために★

平均台をしっかりと跳び箱にかけると安定して、上ることができます。また、巧技台を使う場合は、平均台をかける穴があるので、そこに差し込み、安定させます。

運動が苦手な子へのサポート

●保育者が手をつなぎ、体に触れてサポートします。できる場合は、次の段階として、体には触れず、横についてすぐフォローできるようにして行います。

⚠ 子どもが急ごうとしないように、一人ひとりのペースを見守りましょう。

平均台2本あそび

対象	人数
4歳〜	1人〜

身につく力 ▶ 筋力 調整力 身体認識力 平衡性

鍛えられる体幹 ▶

道具 平均台（2本）・マット

ねらい ●体全体でバランスをとることを楽しみます。

保育のPoint

☀心をしずめて集中するため、静かなピアノやオルゴールの曲をかけてゆったりと行ってもよいでしょう。

あそび方 2本の平均台を平行に置きます。子どもは2人組になり、1本の平均台に一人ずつ乗って手をつないで歩きます。

アレンジあそび 1

横向きクマ

平均台に対して横向きに進みます。

アレンジあそび 2

前向きクマ

平均台に対して前向きに進みます。

運動が苦手な子へのサポート

●2本の平均台をできるだけ近づけるか、ぴったりつけて行います。

⚠ 事故やけがを防ぐためにも、心を落ち着かせてから取り組みましょう。

平均台シーソー

対象	人数
3歳〜	1人〜

身につく力 ▶ 平衡性／リズム感覚／共感力／空間認知能力

鍛えられる体幹 ▶

道具 平均台・跳び箱・マット

ねらい

- 平均台を通常とは違う使い方をすることで、苦手意識をなくします。
- 友達と向き合い、一緒に揺れたり笑い合ったりすることで共感力を育みます。

保育のPoint

※揺れる際にお腹に力を入れ、姿勢を保つように声かけをします。

※揺らす大きさは、保育者がコントロールします。

あそび方

❶マットの上に跳び箱を置き、その上に平均台をひっくり返して置いてシーソーを作ります。

❷平均台に乗り、両サイドに保育者がついてシーソーあそびをします。

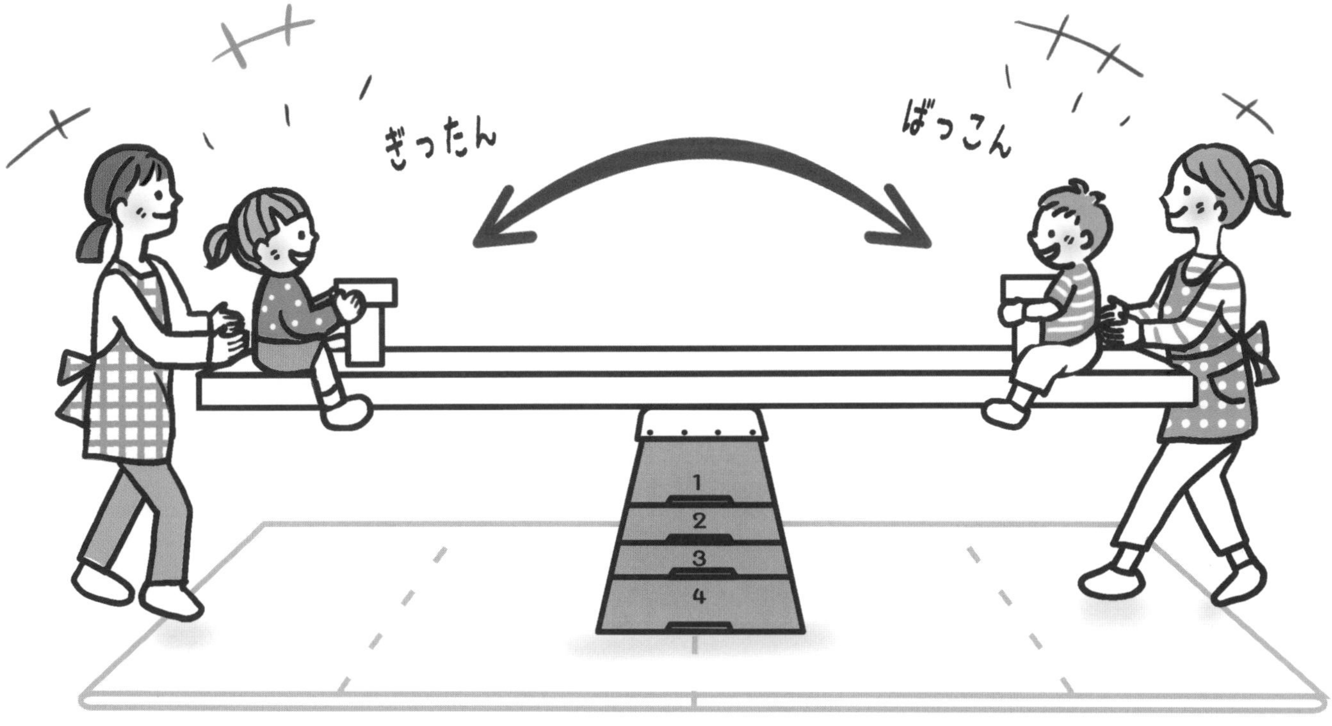

★一方に保育者が乗るパターンと、両方に子どもが乗るパターンの両方をやってみましょう。

★重みのある平均台を使う場合★

跳び箱に乗せる平均台の両端には必ず保育者がついて支えるなどし、取り扱いには十分に注意しましょう。

運動が苦手な子へのサポート

- 一人で乗るのが怖い場合は、保育者が一緒に乗ります。

⚠ 平均台が跳び箱からすべり落ちないように注意しましょう。

えんぴつに変身

対象	人数
3歳〜	1人〜

身につく力 ▶ 平衡性　柔軟性　身体認識力　空間認知能力

鍛えられる体幹 ▶

保育のPoint

※「肩と腕を持つ」→「手をにぎる」というように、補助の仕方を段階的に変え、難易度を上げていきます。

道具 平均台・マット

ねらい

- 体の軸をまっすぐに保持することで、体幹を強くします。
- 前後に揺れることで後ろの空間を把握し、空間認知能力を高めます。

あそび方

❶平均台の上に横向きに立ち、体をまっすぐ伸ばします。

❷えんぴつをイメージしながら、体をまっすぐにしたまま、平均台から落ちないように前後に揺れます。はじめは保育者が、子どもの肩と腕を持って補助します。

⚠ 倒れることを怖がって平均台から足を離してしまうことがあるので、そのときはすばやく支えましょう。

運動が苦手な子へのサポート

- 後ろに倒れることが難しい場合は、保育者が後ろから抱えるように触れて行います。

平均台で中当て

対象 4歳～

人数 3人～

身につく力 ▶ 協応性 平衡性 敏捷性

鍛えられる体幹 ▶

道具 平均台・ボール・マット

ねらい

- 平均台の上でボールをよけることで、不安定な場所でのバランスの取り方を覚えます。
- あそびのゲーム性を楽しみます。

保育のPoint

平均台の子がボールのある方向を向けるように、「**ボールがあるほうに、お腹を向けるよ**」と声をかけて注意を促します。

あそび方

1. 平均台の上に2～4人の子が立ち、平均台の両側（外野）に1人ずつ立ちます。
2. 外野の子は平均台の子をねらってボールを投げ、平均台の子はそれをよけます。
3. 反対側の外野の子がボールをキャッチし、平均台をねらって投げます。
4. 平均台の子は、常にボールを持っている子のほうを向くように体を反転させます。
5. ボールが当たったら、投げる役と交代します。

⚠ 平均台の上でバランスをくずし、子ども同士が重なり合って転倒などしないよう、目を離さないようにしましょう。

運動が苦手な子へのサポート

- 平均台での運動が苦手な子は、平均台のいちばん端に立ち、保育者がすぐに補助できるようにします。

カラーコーン拾い

対象	人数	身につく力	鍛えられる体幹
4歳～	1人～	協応性 平衡性 巧緻性	お腹・背中・腰・太もも

道具 平均台・カラーコーン・マット

ねらい
- 屈伸をしながらバランスを取ることを覚えます。物を拾い上げることで達成感を得られるので、楽しみながら取り組めます。

保育のPoint

- 平均台とカラーコーンの高さの差が大きい場合は、台の上にカラーコーンを置きます。
- 平均台から落ちてしまったときも失敗ととらえず、「**次、次！**」と言って気持ちを盛り上げましょう。

あそび方
平均台の横に、大小のカラーコーンを並べます。
平均台の上に立ち、しゃがんでカラーコーンを拾い上げ、集めていきます。
すべてのカラーコーンを拾い上げられたら終わりです。
一人で全部のカラーコーンを集めてもよいですし、グループで挑戦しても楽しめます。

運動が苦手な子へのサポート

- 難しい場合は、できるだけしゃがむ姿勢になり、保育者の手に乗せたカラーコーンを拾います。

のぼって、おりて

対象	人数
4歳～	1人～

身につく力 ▶ 筋力　リズム感覚　調整力　平衡性

鍛えられる体幹 ▶ お腹　背中　腰　太もも

道具　平均台・マット

ねらい
●手を使わずにのぼりおりをすることで、バランス力を育みながら、足腰を強くします。

保育のPoint
※はじめはゆっくり、「1、2」のかけ声でのぼり、「3、4」でおります。慣れてきたら、かけ声なしで音楽に合わせて行います。

あそび方　踏み台昇降の要領で、手を使わずに、平均台に「のぼって、おりて」を繰り返します。

運動が苦手な子へのサポート
●平均台の幅が狭くて難しく感じる場合は、2本を横につけ、幅を広くして行います。

⚠ あわてずに、平均台の上にしっかり乗るように伝えましょう。

平均台でキャッチボール

対象 4歳～　**人数** 1人～

身につく力 ▶ 調整力　協応性　平衡性　巧緻性

鍛えられる体幹 ▶ お腹　背中　腰　太もも

道具 平均台・マット・ボール

ねらい

- バランス系と操作系の、2つの動きを同時に行う調整力を育みます。
- 考えながら運動することで、知育につなげます。

保育のPoint

※慣れてきたら、ボールを投げる役も子どもが行い、子どもたちだけで挑戦します。どこに投げたら、相手がボールをキャッチしやすいかを考えるように促しましょう。

あそび方

❶平均台の上に子どもが立ち、下に保育者が立って向き合い、ボールを子どもに投げます。

❷ボールをキャッチしたら、保育者に投げ返して横に進み、保育者も同様に進みます。

❸❶❷を繰り返し、ボールのやりとりをしながら進んでいきます。

運動が苦手な子へのサポート

- ボールのキャッチが難しい場合は、手の中にボールを落としてキャッチする感覚をつかませます。
- 投げることが難しい場合は、手渡しでボールを返します。

⚠ ボールをキャッチすることだけに集中し、平均台から落ちないように注意を促しましょう。

平均台でボールあそび

対象	人数
4歳〜	1人〜

身につく力 ▶ 協応性　平衡性　身体認識力

鍛えられる体幹 ▶

道具　平均台・マット・ボール

ねらい
●不安定な場所でバランスを取りながら操作系の運動を行うことで、足腰を強くし、バランス感覚を育みます。

保育のPoint

※難易度が高いので、「**ボールとお友達になるよ**」「**平均台から落ちないでできるかな?**」など、たえず声かけをします。

※上手にやることよりも、やる気を引き出すことに重点を置いて取り組みます。

あそび方　平均台の上に立ち、ボールでいろいろな操作運動を行います。

運動が苦手な子へのサポート

●平均台が難しい場合は、低いブロックで行います。
●このあそびでは、苦手な子だけ設定を変えると目立つので、全員が同じ設定であそべるようにします。

しゃがんで、またいで、かわす

対象 3歳〜

人数 1人〜

身につく力 ▶ 柔軟性　調整力　空間認知能力　平衡性

鍛えられる体幹 ▶

道具 **平均台・マット・なわ**（または、プールヌードル、フープ、コーンバーなど）

ねらい
●不安定な場所で「しゃがむ」「またぐ」などの動作を行うことで、それぞれの運動力とバランス力を高めます。

保育のPoint

※子どもたちがわくわくして取り組めるように、なわを近づけていくときに「**カッチン、カッチン**」などと迫っているような効果音を声で出して盛り上げましょう。

あそび方

❶子どもは平均台の上に立ち、保育者2人は平均台の上に1本のなわを通して両側で持ちます。

❷保育者はなわを上げたり下げたりしながら移動し、子どもはそれをしゃがんだり、なわをまたいだりしてかわします。

❸保育者は行ったり来たりするので、子どもは体の向きを反転させて、次のなわに備えます。

運動が苦手な子へのサポート

●バランスを取るのが難しい場合は、2台の平均台を横につけて行ったり、保育者も平均台に乗って、一緒に長なわをかわしたりします。

⚠ なわを子どもの首に引っかけたり、プールヌードルなどを頭に当てたりしないように注意しましょう。

カップ起こし

対象	人数	身につく力	鍛えられる体幹
4歳〜	1人〜	協応性 平衡性 柔軟性 操作系能力	お腹・背中・お尻

道具 カップ（プラスチックが立ちやすい）

ねらい
- ゲーム性を楽しみながら、バランス力や操作系の運動力を高めます。
- 股関節の柔軟性を高めます。

保育のPoint

※楽しんで取り組むことをいちばんの目的とします。

あそび方

1. 一人1つ、カップを用意し、床に寝かせて置きます。
2. 片足で立ち、反対の足の指でカップを挟んで立たせます。

アレンジ

★カップ起こし取り★

部屋中に寝かせてカップを置き、起こして集めます。何個ゲットできるか、みんなでやってみましょう。

運動が苦手な子へのサポート

- カップを挟むのが難しい場合は、保育者が挟む手伝いをします。また、壁の近くで行い、カップを壁にタッチさせればOKにしてもよいでしょう。

ジャンプしてストップ！

対象	人数
3歳～	1人～

身につく力 ▶ 瞬発力　調整力　巧緻性　平衡性

鍛えられる体幹 ▶

道具　**跳び箱・マット**（下に敷くものと、3つ折りにして使うもの）

ねらい　●着地の際にお腹に力を入れてバランスを取り、動きを制御する体の使い方を覚えます。

保育のPoint

※着地したときに、ひざをしっかり曲げて衝撃を吸収することがコツです。

※**「マットから出ないように止まるよ」「おひざをしっかり伸ばして止まれるかな？」**と声かけをしましょう。

あそび方

❶跳び箱の上からジャンプして、3つ折りにしたマットの上に両足で着地します。

❷そこから連続してジャンプし、マットから落ちないように静止します。

運動が苦手な子へのサポート

●跳び箱からジャンプするのが難しい場合は、保育者が子どもの前で両手を持ち、床からブロックなどの上にジャンプして止まる運動をします。「**ジャーンプ！**」のかけ声で一緒にやってみましょう。

⚠ 着地の際に、足首を捻挫しないように注意しましょう。

鉄棒ブランコ

対象	人数
3歳〜	1人〜

身につく力 ▶ 筋力 / 調整力 / 身体認識力 / 平衡性

鍛えられる体幹 ▶

道具 鉄棒・短なわ・マット

ねらい
●鉄棒と短なわで作ったブランコで、楽しくあそびながら体幹を強くします。

保育のPoint
自力で、なわのブランコに立ったり座ったりすることも、腕支持運動や体幹作りになります。最初から補助せずに、まずは子どもだけの力で挑戦させてみます。

あそび方 鉄棒の両端に短なわを結び、ブランコを作ります。姿勢を保ちながら前後に揺れることを基本にして、ブランコあそびを楽しみます。

保育者が後ろに立ち、なわの上に座ったり、なわの上に立ったりして前後に揺らします。

アレンジ

★短なわを結ばないやり方★

鉄棒に短なわを結ばずにかけます。子どもは、短なわを引っ張りながらブランコに乗る方法にもチャレンジしてみましょう。

運動が苦手な子へのサポート
●腕の力などにも応じた設定で行います。

⚠ なわから手を離すと、すぐに転落につながるので、保育者はいつでも助けられるように、そばにつきましょう。

どこまで倒れられる？

対象	人数
4歳〜	1人〜

身につく力 ▶ 筋力　調整力　身体認識力　平衡性

鍛えられる体幹 ▶

道具 鉄棒・マット

ねらい
●腕で支持しながら、お腹・お尻・太ももに力を入れて姿勢を保つことで、バランス力を高め、体幹や筋力を強くします。

保育のPoint
☀「小鳥のポーズ」は1人で行い、前傾するときは、はじめは保育者が補助します。1人でできるようになったら、2人が同時に行い、友達がどこまで前傾できるかを見て、競い合うのもよいでしょう。

あそび方

❶鉄棒にお腹を当て、腕を伸ばして体を支える「小鳥のポーズ」をします。

❷背筋を伸ばしたまま体を倒していき、できるぎりぎりまで前傾します。自分のペースで、少しずつ体を倒します。

〈小鳥のポーズ〉

運動が苦手な子へのサポート

●お腹に力を入れにくい子の場合、腰を押さえて補助します。

●子どもが怖がる場合は無理にさせず、「小鳥のポーズ」まででOKとします。

鉄棒立ち乗りジャンプ

対象	人数
4歳〜	1人〜

身につく力 ▶ 協応性 平衡性 筋力

鍛えられる体幹 ▶

道具 鉄棒・マット・跳び箱

ねらい

- ●保育者が補助しながら、鉄棒の上に立ち、バランス力を育みます。
- ●少し怖く感じることにも挑戦する心を育みます。

保育のPoint

※子どもが「難しそうだけど、怖いけどやってみよう」と挑戦する気持ちになるよう、寄り添ってフォローしながら取り組みます。

あそび方 鉄棒の手前に跳び箱を置き、踏み台にします。

❶跳び箱の上に乗って保育者と手をつなぎ、鉄棒に片足ずつ乗せます。

❷鉄棒からジャンプし、マットに着地します。

運動が苦手な子へのサポート

●鉄棒にマットをかけて乗りやすくしてもよいでしょう。保育者は両手で補助して、できるようなら、次の段階では一方の手での補助にします。

⚠ 保育者が必ずついて補助します。子どもに落ち着きがない日は行わないようにしましょう。

逆さぶら下がり

対象	人数
3歳～	1人～

身につく力 ▶ 筋力　平衡性　空間認知能力

鍛えられる体幹 ▶ お腹　背中　お尻　太もも

道具 鉄棒・マット

ねらい

- 鉄棒をしっかりにぎったり、ひざで挟んだりして姿勢を保ち、筋力やバランス力を高めます。
- 三半規管を刺激して、逆さになる感覚に慣れ親しみます。

保育のPoint

※子どもによってはとても怖く感じる運動なので決して無理をさせないようにします。「コウモリのポーズ」では、最初は鉄棒にひざをかけずに足の裏をつけるだけでOKにするなど、少しずつ取り組みましょう。

あそび方 年齢に応じて、さまざまなポーズで鉄棒にぶら下がります。どのポーズも、なれてきたら保育者が少しだけ前後に揺らします。

コウモリ（3・4歳）

ひざ裏と両手でぶら下がります。コウモリのポーズに慣れると「足抜き回り」が恐怖心なく取り組めるようになります。

ナマケモノ（3歳）

片手両足でぶら下がります。

バンザイコウモリ（4・5歳）

ひざ裏でぶら下がり、手を離します。

運動が苦手な子へのサポート

- 難しい場合は次のような工夫をしましょう。
「ナマケモノ」⇒ぶら下がった背中を保育者が抱っこするような形で軽く触れます。
「コウモリ」⇒ひざかけはせず、足の裏を鉄棒につけるだけにします。
「バンザイコウモリ」⇒片手だけ離します。

逆さツバメ

対象	人数
5歳〜	1人〜

身につく力 ▶ 協応性　平衡性　筋力

鍛えられる体幹 ▶ \お腹/　\背中/　\腰/　\お尻/　\太もも/

道具 鉄棒・マット

ねらい
●逆さの姿勢でバランスを取ることや、姿勢を保つ力を育みます。

保育のPoint

※お尻から腰の部分を鉄棒に押しあてながら足を上げていくことがコツです。

※お尻が出たり、足がまっすぐに上がらなかったりするときは、体がまっすぐになるように補助します。

あそび方

❶鉄棒をにぎり、ひざかけをして「コウモリ」（P.132）の姿勢になったところから、両足を真上に上げて「逆立ちのポーズ」をします。足を上げるところは、保育者が補助してもOKです。

❷逆立ちになったら、そのまま5秒静止します。

⚠ 落ちたり、けがをしたりしないように、
鉄棒をしっかりにぎって離さないことを伝えましょう。

運動が苦手な子へのサポート

●鉄棒で行うのが難しいときは、床やマットの上で「逆立ちのポーズ」をします。足上げはできるだけ自分でするようにして、保育者は腰を持って逆立ちポーズの維持を補助しましょう。

ハーフバランスボール歩き

対象	人数
3歳～	1人～

身につく力 ▶ 平衡性　協応性　空間認知能力

鍛えられる体幹 ▶

道具 ハーフバランスボール

ねらい
●姿勢がくずれることも楽しみながら、元の姿勢に正すバランス力を育みます。

保育のPoint
※最初は両足で立ち、「**ふみふみ！**」という保育者の声かけに合わせて、その場で足踏みをして楽しみましょう。

あそび方 ハーフバランスボールを並べて置き、丸い面の上を歩いて渡ります。最初は一直線に並べます。

★慣れたらジグザグやカギ形など置き方にバリエーションをつけます。

運動が苦手な子へのサポート
●トゲトゲした突起がついているタイプもありますが、突起の感触が苦手な子も多いので、その場合はタオルを上に置いたり、靴や靴下をはいたりして行います。

アレンジあそび 1

ときどき逆さハーフバランスボール

ハーフバランスボールを一直線に何個か、上下をひっくり返して並べ、その上を歩いて渡ります。

アレンジあそび 2

ハーフバランスボールクマ歩き

ハーフバランスボールを一直線に何個か並べ、その上を両手両足を使ってクマ歩きで渡ります。

アレンジあそび 3

走って立つ

ハーフバランスボールを2個ずつ離して上下をひっくり返して置き、一方のハーフバランスボールに乗ります。平らな面を上にしたハーフバランスボールまで走り、上に立ちます。

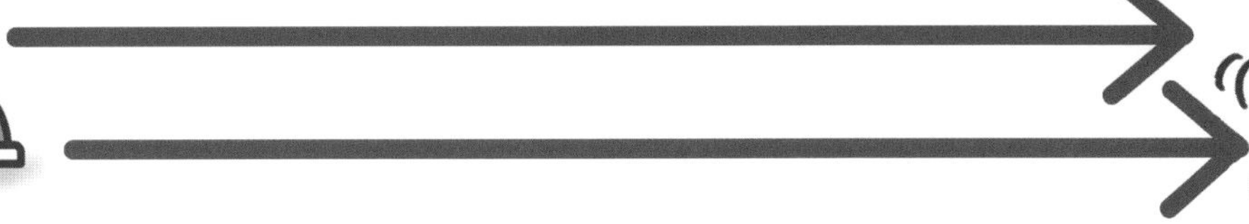

⚠ バランスをくずして転倒することもあるので、保育者は子どもから目を離さないようにしましょう。

跳び箱いろいろジャンプ

対象　4歳～

人数　1人～

身につく力 ▶ 調整力　瞬発力　空間認知能力　平衡性

鍛えられる体幹 ▶

道具　跳び箱・マット（2枚）・テープ

ねらい
- いろいろなジャンプをして、しっかりと着地します。
- 空中で体の軸や姿勢を保ちます。

保育のPoint

☀着地を意識して跳ぶことが大切なので、「**足の裏で着地するよ**」と声をかけましょう。

あそび方

跳び箱の上から、いろいろなジャンプをしてマットに跳びおります。できるだけ遠くに跳べるように、目標となるテープを貼ります。

★跳び箱の高さは年齢＋1段を目安にします。

アレンジあそび

何回たたける？

手をたたきながらジャンプします。

運動が苦手な子へのサポート

- 本人が「難しい」「怖い」と感じる場合は無理をさせず、普通に跳びおりるあそびを楽しみます。

⚠ 上手に跳べる場合でも、必要以上に跳び箱を高くしないようにします。また、子どもは想像よりも遠くまで跳べるので、マットは多めに敷きましょう。

跳んでキャッチ！

対象	人数
4歳～	1人～

身につく力 ▶ 巧緻性・リズム感覚・調整力・平衡性

鍛えられる体幹 ▶

道具 跳び箱・マット・ボール

ねらい
- ジャンプして姿勢を保つこと、キャッチすることの2つの運動を組み合わせて行う調整力を育みます。

保育のPoint

※難易度の高いあそびなので、失敗を楽しめる心や、何度も挑戦したいと思う心を育むことを大切にします。できなくても「**いいよ！　よかったよ！**」など、たくさん声かけをしましょう。

あそび方

❶跳び箱からジャンプし、保育者はそのタイミングで子どもにボールを投げます。

❷ボールをキャッチして、マットに着地します。

★跳び箱の高さは年齢と同じ段数か、年齢＋1段を目安にします。

運動が苦手な子へのサポート
- 難しいときは跳び箱を1段にして行い、できそうなら少しずつ足していきます。
- ボールキャッチの代わりに、ボールを持ってジャンプしてもOKです。

⚠ 子どもの顔にボールが当たらないよう、注意して投げましょう。

かかしさん、お手玉乗せて

対象	人数
4歳～	2人～

身につく力 ▶ 平衡性 身体認識力

鍛えられる体幹 ▶

道具 お手玉・フープ

ねらい

- お手玉を落とさないようにバランスを取る感覚や、どこに置けばよいか考える力、落とさないように乗せる操作性を育みます。
- かかし役の子とお手玉を乗せる子、そして乗せる子同士が協力し合うことで社会性を育みます。

保育のPoint

☀立っている子には、「**いいバランスだね**」「**がんばっていて、かっこいいね**」、お手玉を置く子には「**よく考えているね**」「**たくさん置けてるね**」と、具体的にほめましょう。

あそび方

❶1人の子が、かかし役になります。両手を横に伸ばして片足立ちになり、一方の足はひざを直角に曲げます。

❷ほかの子は、どこにお手玉を置けばよいかを考えたり相談したりしながら、かかしの子の腕や肩、足、頭の上などに乗せていきます。15秒間で、できるだけたくさんのお手玉を乗せられるように挑戦します。

運動が苦手な子へのサポート

- 片足立ちが難しい場合は両足で立ちます。両足でもバランス運動になります。
- 感覚過敏などでくすぐったいと感じる子には、お手玉を乗せるほうの役だけをやってもらいます。

⚠ ゲームの終了間際にすべてのお手玉が落ちてしまった場合でも、過程をきちんとほめ、子どもの自己肯定感に結びつけられるようにしましょう。

アレンジあそび 1

お手玉乗せ競争

2チームに分かれ、どちらがかかし役の子にお手玉を多く乗せられるかを競います。

アレンジあそび 2

かかしさんフープ掛け

お手玉の代わりに、フープをかかし役の子の腕や足、首などに掛けていきます。

★ルールを自由に決めて★

かかし役で片足立ちをしているとき、ひざが曲がってもOKです。自分たちで自由に、ルールを決めて行っても楽しいでしょう。

空気いす

対象	人数
3歳〜	1人〜

身につく力 ▶ 筋力 持久力 平衡性

鍛えられる体幹 ▶ \お腹/ \背中/ \お尻/ \太もも/

道具 マット

ねらい

- ●筋力を高め、姿勢をよくして体作りを楽しみます。
- ●1つのことに集中する力を育みます。

保育のPoint

※保育者も向かい合って、一緒に行いましょう。

※筋力をつけるなどの体作りは、トレーニングとしてではなく、あそびを通して行うことが大切です。子どもは、「楽しいこと」「おもしろいこと」から多くを吸収します。

あそび方

❶壁に背中を押し当て、いすに腰かけているような「空気いすのポーズ」をします。

❷そのままのポーズを維持します。維持する時間を、最初は10秒、次は15秒と長くしたり、片足だけでポーズをしたりして、レベルを上げていきます。

上手にできたら、保育者が**「おじゃましまーす」**と言って座るふりをします。

運動が苦手な子へのサポート

●低いブロックを使い、座ってから少しだけ体を持ち上げます。「座って持ち上げる」を繰り返します。

⚠ 体を支えきれずに尻もちをつく可能性があるので、足元にマットを敷きましょう。

どこまで跳べる？

対象	人数
4歳〜	1人〜

身につく力 ▶ 瞬発力　リズム感覚　巧緻性　平衡性

鍛えられる体幹 ▶ お腹　背中　腰　太もも

道具 平均台（跳び箱、巧技台、ブロックなどでもOK）・マット・メジャー・テープ

ねらい
●腕を振り、足の屈伸を使って跳ぶ一連の動作をスムーズに行えるようにします。

保育のPoint

※手と足の動きのタイミングが合わずバラバラになってしまうときは、保育者が声でリズムを取り、1つずつの動きをゆっくり行います。

※タイミングのずれを何度も指摘し直すと、子どものやる気を下げてしまうことがあるので、毎回注意しないようにします。

あそび方

❶平均台などの上から、下に敷いたマットへ、できるだけ遠くをめざして跳びます。

❷❶ができるようになったら、台などは使わず平らなマットの上で行います。

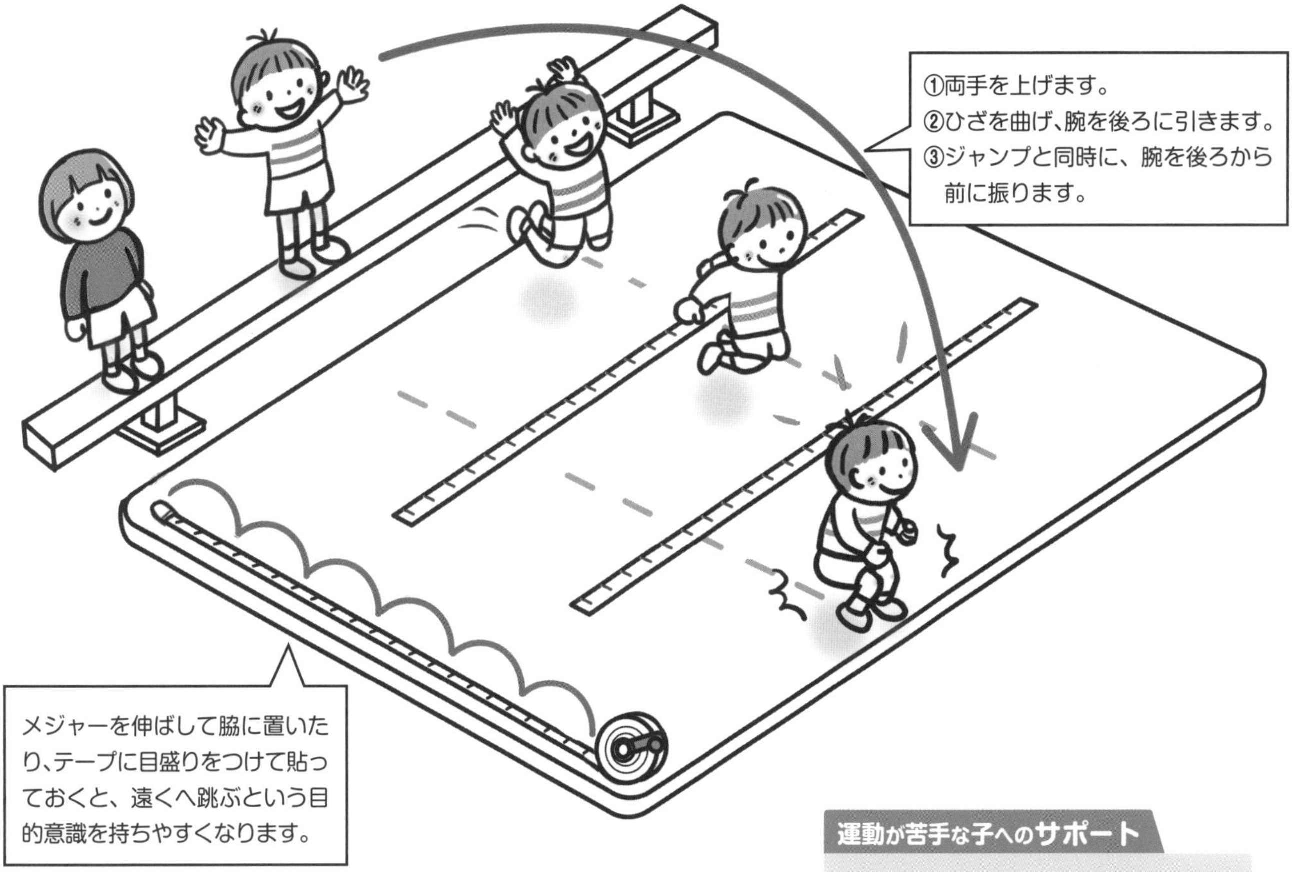

運動が苦手な子へのサポート

●手足を使うタイミングがつかめない場合は、保育者が手をつなぎ、声をかけながら一緒に行います。

起きて、起きて！

対象	人数
5歳〜	1人〜

身につく力 ▶ 筋力
持久力
空間認知能力
平衡性

鍛えられる体幹 ▶

道具 マット・タンブリン

ねらい ●腹筋運動をする前段階の運動あそびを行い、お腹の力をつけます。

保育のPoint

※そのまま起き上がれない場合、はじめのうちはズボンや太ももの裏を手で持ってよいので、まずは起き上がる感覚をつかむようにします。

※「ひじはつかずに起き上がってこれるかな？」との声かけで、子どものやる気を促します。

あそび方 **2種類の運動あそびをして、腹筋運動につなげます。これらのあそびに慣れたら、2人組になって腹筋運動をします。**

後ろへ倒れる感覚あそび

マットの上で、ひざを抱えて座った状態から後ろにゴロンところがり、後ろに倒れる感覚を楽しみます。

起き上がる体幹あそび

マットの上でひざを立て、寝ころびます。保育者がタンブリンを自分の足先に差し出したら、すばやく上体を起こしてタンブリンをたたきます。

運動が苦手な子へのサポート

●腹筋だけで起き上がれない子には、保育者の親指だけをにぎらせ、自力に近い方法で起き上がるようにします。

リズム柔軟あそび

対象 4歳～

人数 1人～

身につく力 ▶ 柔軟性
リズム感覚
平衡性

鍛えられる体幹 ▶ お腹 / 背中 / 腰

道具 ピアノ・タンブリンなど

ねらい
●音楽やリズムに合わせて前屈を行い、柔軟性を高めます。

保育のPoint
☀音楽をかけたり、ピアノ、タンブリン、かけ声などに合わせたりして楽しく行います。

あそび方

❶足をそろえ、ひざを伸ばして座ります。「**トン、トン**」のかけ声で、手を2回たたきます。

❷「**前**」のかけ声で体を前に倒し、つま先をタッチ。

❸「**ペッタンコ**」のかけ声で、ひざにおでこをつけます。そのまま、5～10数えます。

アレンジあそび

開脚バージョン

両足を開いて座り、同様にかけ声のタイミングに合わせて、つま先を触ります。そして、開脚のまま、ひじを床につけて体勢を維持します。

運動が苦手な子へのサポート

●手本どおりの動きができない場合は、本人なりの模倣運動をまず認め、少しずつ正しい動きに導くようサポートします。

サイドステップオニごっこ

対象	人数
5歳〜	1人〜

身につく力 ▶ 敏捷性 リズム感覚 平衡性

鍛えられる体幹 ▶

道具 なし

ねらい ●サイドステップのコツとリズムをつかみ、反復横跳び運動につなげます。

保育のPoint

※最初は、両手を横に広げてバランスを取ってもよいでしょう。

あそび方 サイドステップで横に進みながら、オニごっこをします。

★サイドステップのやり方★

①足をそろえて立つ。
②右足を１歩、横に出す。
③左足を右足につける。

これを繰り返して右方向へ進みます。反対方向へも、「左足を1歩出して、右足をつける」で進みます。保育者は①〜③の動作でサイドステップをして、方向転換しながらつかまえに行きます。

運動が苦手な子へのサポート

●サイドステップが難しい場合は、まずカニ歩きをして横へ進む感覚をつかみます。次に、「横、横」と、2回ジャンプをしながら、進む方向の足に反対側の足をつけてみます。2回ジャンプに慣れたら、3回、4回と増やしていきます。

遠くへボール投げ

対象	人数
4歳～	1人～

身につく力 ▶ 巧緻性　瞬発力　リズム感覚　平衡性

鍛えられる体幹 ▶

道具　ボール

ねらい　●遠くへボールを投げる体の使い方を覚えます。

保育のPoint

※横向きフォームが正しくできているか確認し、できていなければ「**足が反対だよ**」などと言って正しいフォームを伝えます。

※普通のボールのほか、お手玉、新聞紙のボールなどいろいろな種類のボールで投げてみましょう。

あそび方　**次の順番でボール投げをして、遠くまでとどく投げ方を覚えていきます。**

❶保育者の持っているなわを越えるように、片手でボールを投げます。

❷投げたら、目の前のなわをくぐり、ボールを取りに行きます。

❸保育者は、少しずつ子どもから離れていき、なわの距離を遠くしていきます。

運動が苦手な子へのサポート

●保育者が持つなわを近づけたり、ゆっくり取り組めるような声かけをしたり、本人が『できた！』『楽しい♪』と思える環境設定を作ります。

⚠投げたボールに当たらないように、投げている子がいる間はボールを拾いに行かない約束をしましょう。

ひっくり返しオニ

対象	人数
4歳～	2人～

身につく力 ▶ 筋力 協応性 平衡性

鍛えられる体幹 ▶ \お腹/ \背中/ \腰/ \お尻/ \太もも/

道具 なし

ねらい
●友達との触れ合いあそびです。脳の前頭葉(意志・感情・意欲などを司る)の刺激を促します。

保育のPoint
※「爪を立てない」「くすぐらない」「服を引っぱらない」の3つを約束して、それ以外は子ども同士で自由にあそびましょう。

あそび方

❶2人組になってジャンケンして、負けた子はうつぶせに寝ます。

❷勝った子はその子をあおむけにひっくり返そうとして、寝ている子はひっくり返されないようにふんばります。うまくひっくり返せたらその子の勝ち。2回目は役割を交代して行います。

〈両腕横バージョン〉

〈両腕下バージョン〉

アレンジ

★ふんばり方のバリエーション★

両足、両腕を広げる／両腕を横にする／両腕を下にする

運動が苦手な子へのサポート

●このあそびが難しい子には、手足を広げてふんばる感覚をつかめるように、力を入れるところを触れて、感覚をつかませます。

ボール蹴り

対象	人数
4歳〜	1人〜

身につく力 ▶ 瞬発力　調整力　巧緻性　平衡性

鍛えられる体幹 ▶

道具 ボール

ねらい

- ボールを蹴るときに片足立ちになることでバランス力を高め、体幹を強くします。
- ボールとの距離感をつかみます。

保育のPoint

※最初はボールに足を当てること自体が難しいので、大きめのボールで行います。

※ボールに足を当てられたら、「**すごいね！**」「**サッカー選手みたいでかっこいいね！**」など、たくさんほめましょう。

あそび方

❶❷❸の順にレベルアップしながら、ボールを蹴ってあそびます。

❶止まっているボールを蹴ります。

❷保育者がころがしたボールを蹴ります。

❸ボールを上から落としてワンバウンドしたところを蹴ります。

運動が苦手な子へのサポート

- ボールを蹴れない場合は、片足で立ち、反対の足を前後に振る動作だけをやってみます。
- カラーコーンなど止まっているものを蹴って倒すあそびをして、慣れてきたらボールにチャレンジします。

⚠ ボールの上に乗らないように気をつけます。室内で行う場合は、十分なスペースを取りましょう。

チクタク、ドッカーン

対象	人数
4歳〜	1人〜

身につく力 ▶ 調整力 筋力 空間認知能力 平衡性

鍛えられる体幹 ▶ お腹 背中 腰 太もも

道具 **巧技台、ブロック、跳び箱など足を乗せやすい高さのもの**

ねらい
●腕を支持をしながら体を動かすことで、体幹を強くします。

保育のPoint
※腕を支持する運動だけでは子どもは飽きてしまうので、ゲーム性を取り入れて楽しみます。

あそび方

❶床に手をついて腕を伸ばし、足を巧技台の上に乗せて時計の針になります。

❷保育者の「**チク、タク、チク、タク**」の声に合わせ、足を起点に、腕で時計回りに進みます。

❸保育者が「**ドッカーン**」と言ったら、起き上がって別の台へ走ってお引越しをします。

アレンジ

★引っかけ言葉で★

慣れてきたら、保育者は「**ドッカーン**」の代わりに、「**ドッキリー！**」「**ドッジボール**」「**ドンブリ！**」など引っかけの言葉を言って、注意して聞く力を伸ばします。

運動が苦手な子へのサポート

●腕を支持して移動するのができない場合は、その場で腕の支持だけし、「**ドッカーン**」で巧技台に乗るところは保育者が一緒に行います。

⚠「**ドッカーン**」で移動する際に、興奮しすぎて子ども同士がぶつからないように注意しましょう。

PART④

集団・競争 運動あそび

１人ではなく２人、またはそれ以上の人数で取り組む運動あそびです。友達と協力して取り組むことで社会性や協調性を学び、勝ち負けのあるあそびを通して、競争心や闘争心を育みます。幼児期に負ける経験をすることで、失敗や困難を乗り越える、強く柔軟な心が育まれます。

おうちを守れ！

対象 4歳～

人数 5人～

身につく力 ▶ 瞬発力 協応性 敏捷性

鍛えられる体幹 ▶ \お腹/ \背中/ \お尻/ \太もも/

道具 ボール

ねらい
- みんなで動作を共有することで、共感力を養います。
- 立ったり座ったりして、足腰と体幹を強くします。

保育のPoint

※保育者はすばやく動いたり、大きくゆっくり動いたりと緩急をつけて盛り上げます。

あそび方

1. みんなで手をつなぎ、輪（家）を作ります。
2. 保育者は、輪の周りを歩き、すきを見て中にボール（バクダン）を入れようとします。
3. 子どもたちは、手をつないだまましゃがんだり、手を上げたりして、輪の中にボールを入れないようにします。

運動が苦手な子へのサポート

- まだルールを理解できない子には、保育者が向かい合って手をつなぎ、立ったり座ったりしてあそびます。

⚠ 手をつないだ状態でバランスをくずすと、顔から倒れる危険があるので、ふざけないように注意しましょう。

バクダン足送り

対象	人数
4歳～	3人～

身につく力 ▶ 調整力 柔軟性 空間認知能力

鍛えられる体幹 ▶ お腹 背中 腰 お尻 太もも

道具 ボール

ねらい ●座って両足を上げたまま体を反転することで、お腹や太ももの力と、体幹を強くします。

保育のPoint

※ボールを落としてもよいですが、ボールの受け渡しは落ち着いて行うようにメリハリをつけます。やや静かな音楽を流して行うとよいでしょう。

あそび方

❶輪になって座ります。

❷両足でボール（バクダン）を挟み、足を持ち上げます。

❸手をついて体を反転させて、隣の子にボールを渡します。隣の子は足でボールを受け取ります。ボールを落としたらアウト！　慣れてきたら、ボールを増やしてチャレンジしてみましょう。

運動が苦手な子へのサポート

●体幹作りに役立つあそびなので、部分的にでもできるところを行うようにします。

ボール送り

対象
4歳～

人数
4人～

身につく力 ▶ 柔軟性
平衡性
身体認識力

鍛えられる体幹 ▶ \お腹/ \背中/ \腰/

道具 ボール

ねらい ●体を上げたり、下げたり、ひねったりすることで体幹を強くします。

保育のPoint

☀ボールの渡し方は言葉で説明するのはイメージしにくいので、保育者が手本をしっかりと見せましょう。

あそび方

❶チームに分かれ、それぞれ同じ方向を向いて1列に並びます。

❷ボールをいろいろな渡し方で送っていきます。早く最後の子までボールを送ったチームの勝ち。

★ボールの渡し方★

様々な渡し方があるので、チャレンジしてみましょう。
・両手で頭の上から渡す。
・体を左右にひねって渡す。
・足を広げ、股の下から渡す。

運動が苦手な子へのサポート

●運動が苦手な子にも取り組みやすいあそびです。

キャッチして一列電車

対象	人数
4歳～	4人～

身につく力 ▶ 空間認知能力　状況判断　敏捷性　平衡性

鍛えられる体幹 ▶ お腹　背中　腰

道具 **ボール（2色分または種類の違うボール）**

ねらい
- すばやく動きながらバランスを取ります。
- 同じチームの子にボールをゆずるなど、状況を判断して行動する力を育みます。

保育のPoint

※保育者はボールがランダムな方向へ行くように、両手で投げたり、ころがしたり、大きなボールと小さなボールを使うなど、いろいろなパターンを折り混ぜます。

※手をたたいて、「**急げー**」「**どっちが早いかなー？**」と声をかけて盛り上げましょう。

あそび方

❶2チームに分かれ、各チームでボールの色を決めます。自分がどちらのチームかを覚えたら、バラバラに立ちます。

❷保育者が2色のボールを投げるか、ころがします。自分のチームの色のボールを最初にキャッチした子が電車の運転手役になってその場に座ります。

❸運転手役の子の後ろに、電車に乗るイメージで一列に座っていきます。全員が早く座ったチームの勝ちです。

運動が苦手な子へのサポート

- 友達とぶつかりそうな子には、あらかじめ「**周りを見るよ**」などの声かけをしたり、自分のチームがわからなくなっていたら、そっとチームのボールの色を伝えたりして、行動を導きます。

⚠ ぶつかり合わないように、「**前を見るよ**」「**周りを見てね**」と声をかけ、危険な場面では「**危ない！**」と大声で伝えましょう。

みんなで宝物送り

対象	人数
4歳～	4人～

身につく力 ▶ 空間認知能力
敏捷性
巧緻性

鍛えられる体幹 ▶

道具 **ボール、お手玉、ぬいぐるみなど肩に乗せられるもの・フープ・テープ**

ねらい ●ルールを理解する力、状況を判断する力、友達と協力してあそぶ力を育みます。

保育のPoint

※まずは1度ゆっくり送り、練習をします。「**はい、練習終わり。本番だよ！**」と声をかけ、競争に進みましょう。

あそび方

❶何人かでチームを作り、一列に並びます。フープをそれぞれの列の後方に起きます。

❷チームごとに、前の子が宝物を肩に乗せ、後ろの子がそれを取ります。前の子は後ろを振り向かないルールです。

❸前の子はすばやく、列の一番後ろへ移動します。

❹❷～❸を繰り返し、列が後ろに下がっていき、宝物を早く宝箱に見立てたフープに入れたチームの勝ち。

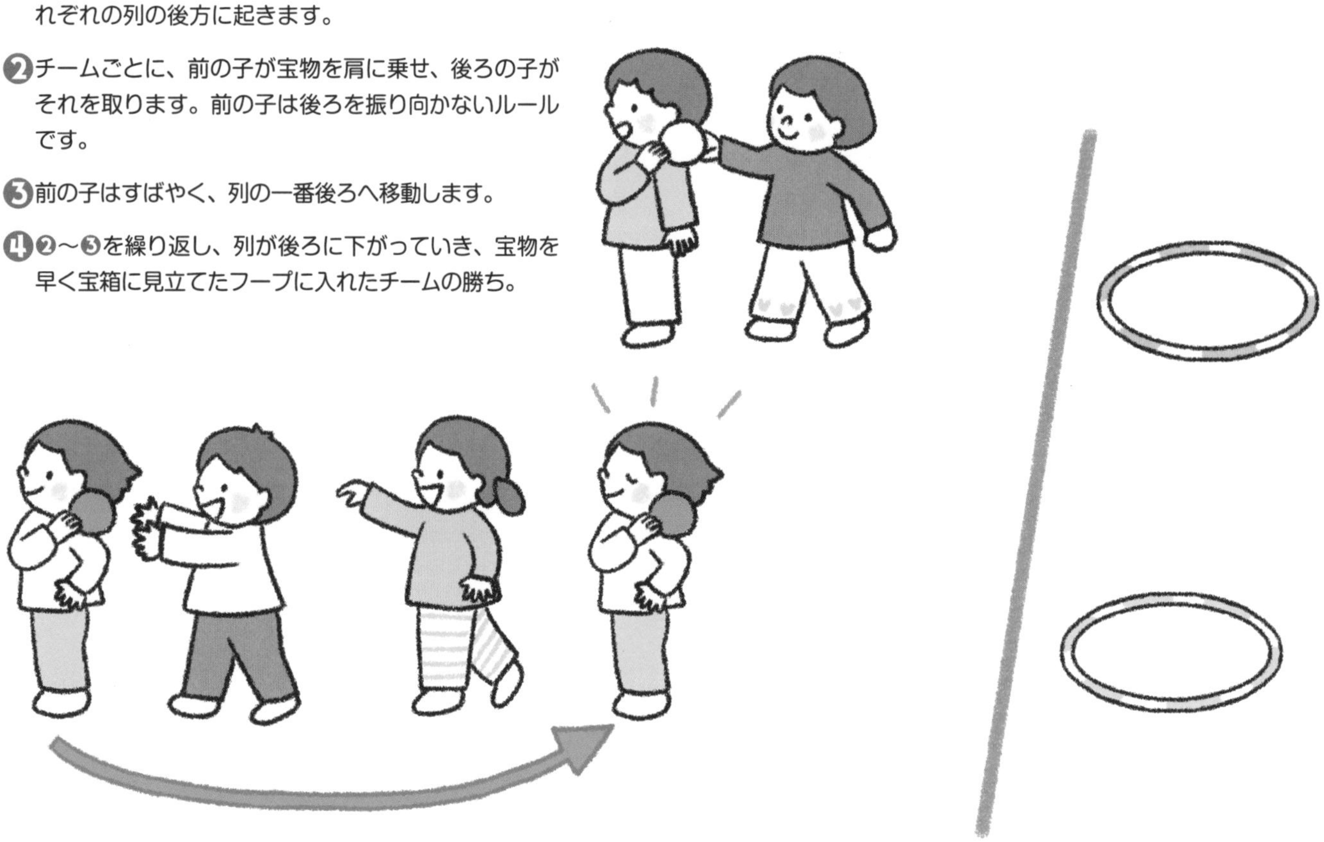

運動が苦手な子へのサポート

●難しい場合は競争はせず、1つひとつの動きをゆっくりやってみます。

お助けしっぽ取り

対象 5歳〜

人数 6人〜

身につく力 ▶ 敏捷性 スピード 空間認知能力

鍛えられる体幹 ▶

道具 **しっぽにするもの**（スカーフ、タオルなど）・**家に見立てるもの**（フープ、なわなど）

ねらい
●逃げる、よける、回転するなどの状況判断力や、目で追う眼球運動を促します。

保育のPoint

※空間に対して子どもの人数が多すぎると危険なので、設定人数を考慮しましょう。

あそび方

❶2チームに分かれ、全員が腰に、しっぽに見立てたスカーフなどをつけます。

❷相手チームの子のしっぽを取りに行きます。

❸しっぽを取られた子は、家に見立てたフープやなわで作った円の中に入ります。

❹同じチームの子がしっぽを取り返してくれたら、復活できます。

運動が苦手な子へのサポート

●チームで行うことが難しい子は、保育者と1対1で行います。

くぐって木

対象	人数
5歳～	2人～

身につく力 ▶ 柔軟性 敏捷性 協応性

鍛えられる体幹 ▶

道具 なし

ねらい

- 友達がくぐっても、ぐらつかないようにしっかり立つことで、体幹を強くします。
- くぐるときに、すばやく動けば敏捷性が身につきます。

保育のPoint

※「**しっかり足を開いて、お友達を通してあげようね**」と声をかけ、ぐらつかずに立てるよう注意を促します。

※くぐるときは、姿勢を低くしないと立っている子がぐらつきやすいので、「**お腹をつけてくぐるよ**」と伝えます。

あそび方

❶何人かでのチームを作り、チームごとに一列に並びます。

❷前の子は足を開いて立って木になり、後ろの子はその子の足の下をくぐって前に出ます。

❸くぐり抜けたら足を開いて立ち、後ろになった子が同様にくぐります。

❹❷❸を繰り返し、最初にゴールに着いたチームの勝ちです。

運動が苦手な子へのサポート

- 体幹が弱い子の場合、腕を広げて立ち、保育者が腕を支えると、まっすぐ立ちやすくなります。

跳んで石

対象	人数
4歳〜	2人〜

身につく力 ▶ 瞬発力 平衡性 敏捷性 空間認知能力

鍛えられる体幹 ▶ お腹 背中 腰 太もも

道具 なし

ねらい
- 両足ジャンプを繰り返すことで、足腰を強くします。
- 跳んだ後、正しい向きになることで空間認知能力を高めます。

保育のPoint

※跳んだ後、どちらを向いて石になったらよいかわからなくなるので、「**跳んだら、頭は窓のほうね**」などと伝えます。

あそび方

1. 2人ずつのチームを作り、前後に並びます。
2. 前の子はひざを抱えて丸くなって床に伏せ、石になります。後ろの子は両足を閉じたグージャンプで、石になった子を跳び越えます。
3. 跳び越えた子が今度は石になり、後ろになった子が跳び越えます。
4. ❷❸を繰り返し、最初にゴールに着いたチームの勝ちです。

運動が苦手な子へのサポート

- 両足ジャンプが苦手な子には、保育者が子どもの前に立って両手を持ち、ジャンプを補助します。

⚠ 石になるときは頭をしっかり下げるように伝えて、蹴られないように注意します。

カラーコーン蹴り

対象	人数
4歳〜	4人〜

身につく力 ▶ 巧緻性　敏捷性　調整力　平衡性

鍛えられる体幹 ▶

道具 カラーコーン

ねらい
- 蹴る動作のときに、片足立ちになることでバランス力を育みます。
- ルールを理解してあそぶことで知育につなげます。

保育のPoint

※蹴るチームと起こすチームの役割を交代すると、自分の役割がわからなくなる子がいるので、2回戦を行う前にもう一度ルールを説明しましょう。

あそび方 たくさんのコーンを間隔を空けて並べます。半分は立て、半分は倒しておきます。

1. コーンを蹴って倒すチームと、倒れたコーンを手で起こすチームに分かれます。
2. スタートの合図で、一斉に蹴ったり、起こしたりします。
3. ストップの合図でやめたとき、倒れているコーンと立っているコーンを数えて多いほうのチームの勝ち。役割を交代して2回戦を行います。

アレンジあそび

カラーコーン倒し

コーンを蹴る代わりに手で倒して、「カラーコーン蹴り」と同じルールであそびます。手で倒すときはしゃがむことになるので、足腰を強くする運動になります。

運動が苦手な子へのサポート

- 自分がどちらのチームかわからなくなる子には、「**倒す、倒す**」「**起こす、起こす**」と耳もとで声かけをします。

⚠ カラーコーンはあまり強く蹴らないように伝えます。また、周りを見て動くように声かけをし、友達とぶつからないように気をつけましょう。

3並べ

対象	人数
5歳〜	2人〜

身につく力 ▶ 思考力 スピード 調整力

鍛えられる体幹 ▶

道具 **マスの形が作れるもの**（なわ、テープなど）・**マスの中に置くもの**（お手玉、マーカー、スカーフなど）

保育のPoint

※保育者はヒントを与えず、子ども自身が考えるようにします。

ねらい ●全身運動を行いながら、考える力を育みます。

あそび方 なわやテープで、9つのマスを作ります。

❶2チームに分かれ、色の違うお手玉などを持ちます。

❷「**走って、ゴー！**」の合図で、各チームから1人ずつ走っていき、マスの中にお手玉を置きます。

❸前の子が帰ってきたら、次の子が走っていき、ほかのマスにお手玉を置きます。

❹縦、横、斜めのいずれか1列に、お手玉を早く並べられたチームの勝ちです。

⚠ 帰ってくる子は、次に行く子とぶつからないよう、外側を通るようにしましょう。

運動が苦手な子へのサポート

●どこに置けばよいかわからない子には保育者が手助けをします。

宝探し

対象	人数
4歳～	4人～

身につく力 ▶ 敏捷性 巧緻性 スピード

鍛えられる体幹 ▶

道具 **カラーコーン・宝となるもの**（ボールなど）

ねらい ●運によって勝ち負けが左右するので、速く走れるかどうかを気にせずにあそびを楽しみます。

保育のPoint

☀宝物が入ったカラーコーンを選べるかどうかは運次第ですが、前の子が開けてなかったカラーコーンを覚えておくことはできるので、周りをじっくり見ることが得意な子が活躍するチャンスでもあります。

あそび方 **カラーコーンをランダムに並べ、その中のいくつかに宝物を入れておきます。子どもはチームに分かれます。**

❶チームの先頭の子が、好きなカラーコーンのところまで走っていきます。

❷選んだカラーコーンを開け、宝物があれば持って戻ります。なければそのまま戻ります。開けたカラーコーンは元に戻します。

❸チームのところに戻ったら、次の子にタッチ。次の子も同様に行います。

❹全員が終わったら、チームごとに宝物の数を数え、一番多いほうの勝ち。

運動が苦手な子へのサポート

●速く走ることが得意でない子も、このあそびでたくさん楽しめるようにします。

トンネルくぐって宝取り

対象	人数	身につく力	鍛えられる体幹
5歳〜	8人〜	瞬発力 敏捷性 巧緻性	お腹／背中／腰／太もも

道具 宝物となるもの（お手玉やボールなど）

ねらい
- 笛などの合図で、すばやく動く敏捷性を育みます。
- 競い合うことを楽しみます。

保育のPoint

宝物を取ってこられなくても、泣いたりすねたりしない心を育てます。

あそび方

1. トンネルを作る子と、宝物を取りに行く子に分かれます。
2. トンネル役の子同士で輪になり、足を開いて立ちます。輪の中には、宝物を取りにいく子の数よりも1つ少ない宝物を置きます。
3. 音楽をかけ、宝物を取りに行く子は輪の外側を走ります。
4. 笛の合図で、トンネル役の子の足の間をすばやくくぐり、宝物を取りに行きます。

アレンジ

ルールを変えてみる

1対1でも、チーム対抗でも行えます。また、スキップしたり、クマ歩きしたりするなどのバリエーションも取り入れてみましょう。

運動が苦手な子へのサポート

- 状況に応じて、宝物の数を人数と同じにして全員が取れるようにします。

⚠ マットを敷き、足の間をくぐる際に顔を打たないようにしましょう。

中、外、ジャンプ！

対象	人数
4歳〜	4人〜

身につく力 ▶ リズム感覚　調整力　空間認知能力

鍛えられる体幹 ▶

道具 マーカーコーン

ねらい
- ●指示を聞いて行動する力を育みます。
- ●両足ジャンプでリズムよく跳びます。

保育のPoint

☀このあそびをする前に、その場で両足をそろえた前ジャンプ、後ろジャンプを練習しましょう。

あそび方 マーカーコーンで輪を作ります。

★マーカーコーンの内側にいるときに「**なーか！**」と行ったら、跳び越えるものはありませんが、内側へジャンプします。外側も同様です。

❶全員がマーカーコーンの外側に立ちます。

❷保育者が「**なーか！**」と言ったら、両足ジャンプでマーカーコーンを跳び越え、輪の中に入ります。

❸「**そーと！**」と言ったら、両足の後ろジャンプでマーカーコーンを跳び越えます。

❹中と外を間違えたら、その場に座ります。コーンを踏んでしまったときもアウトです。最後まで立っていた子がチャンピオンです。

アレンジ

★かけ声と動作を逆に★

「なーか」で外へジャンプするように、かけ声と動作を逆にするのもおもしろいです。

運動が苦手な子へのサポート

●両足ジャンプが難しい場合は、片足ずつのジャンプにします。ジャンプのリズムが遅れてもOKです。

⚠ 一斉に、中にジャンプしたときにぶつからないように、輪は広く取りましょう。

バクダンボール当て

対象 5歳～

人数 6人～

身につく力 ▶ 巧緻性 操作性 協応性

鍛えられる体幹 ▶

道具 **大きいボール・投げるボール（やわらかいもの）・マット**

ねらい ●目標をめがけてボールを投げる操作性の運動能力を高めます。

保育のPoint

※このあそびをする前に、ボールを投げるフォームをみんなで確認します。右手で投げる子は右手を後ろに、左手で投げる子は左手を後ろにして、胸をひらいて投げます。

あそび方

❶2チームに分かれ、大きなボール（バクダン）を挟んで両側に並びます。1人1個ずつ、投げるボールを持ちます。

❷「ゴー！」の合図で、バクダンをねらってボールを投げます。

❸バクダンにボールが当たると、自分たちのマットから離れていくので、たくさん当てて、どんどん遠くへ追いやります。1つ目を投げたあとは、近くに落ちているボールを拾って投げます。拾いに行くときはマットから出てOKですが、マットに戻ってから投げます。

❹終了の合図で、投げるのをやめます。そのときにバクダンが遠いほうのチームが勝ちです。

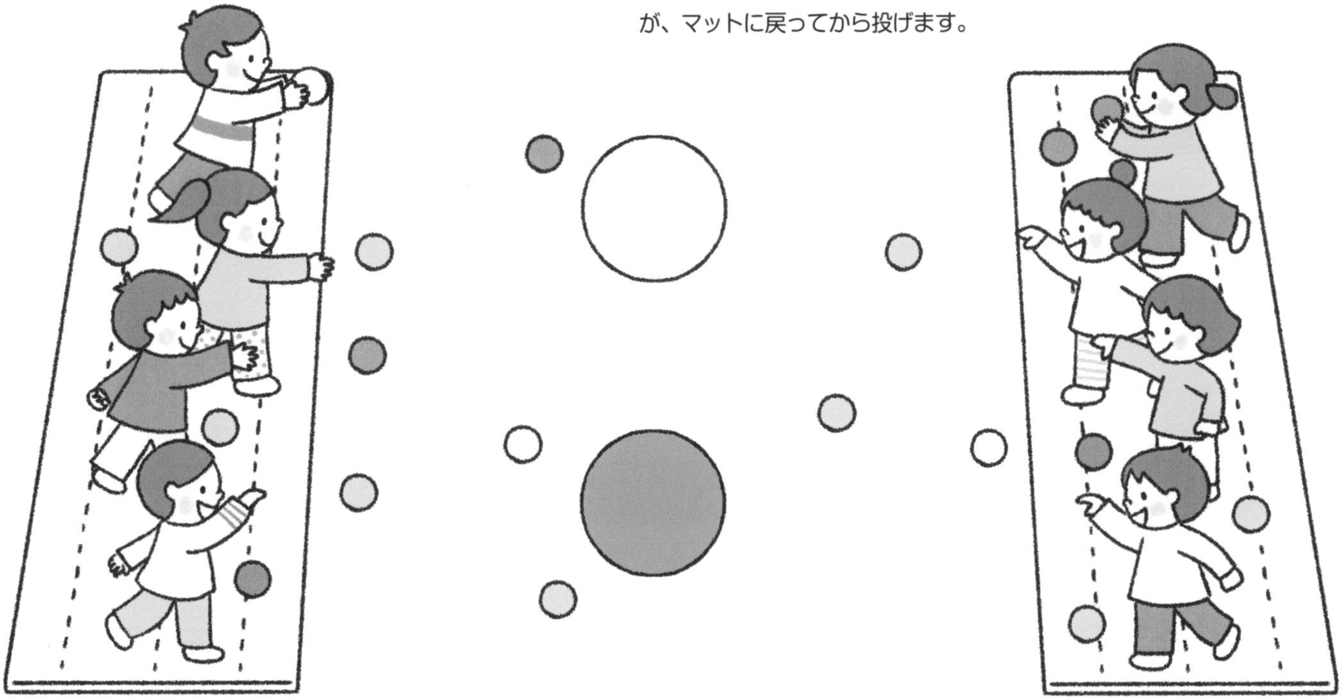

運動が苦手な子へのサポート

●ボールを上手に投げられなくても、友達と一緒にボールを投げることで、ボール運動の楽しさを体験させるよう促します。

⚠ 投げるボールは、相手チームの子に当たることがあるので、やわらかいボールを使いましょう。

積み木競走

対象	人数
5歳～	2人～

身につく力 ▶ 筋力 巧緻性 スピード

鍛えられる体幹 ▶ お腹 背中 腰 お尻 太もも

道具 積み木

ねらい

●全力で進む「動・興奮」の運動と、積み木を積む「静・抑制」の組み合わせです。

保育のPoint

※「**落ち着いて積み木を積むよ**」「**ゆっくりね**」「**大丈夫、大丈夫**」「**上手、上手**」などの声かけをして安心させます。

※積み木を倒した子がいたら、ほかの子と一緒に「**大丈夫、がんばったよ**」などと声をかけて、責めずに認めるよう促します。

あそび方 2～3人ずつのチームに分かれて行います。

❶「クマ歩き」で積み木のあるところまで進み、積み木を1つ積みます。

❷「クマ歩き」で戻り、次の子にタッチします。先に積み木を3個積み上げたチームの勝ち。

アレンジ

ルールもレベルアップ

慣れたら、積み木を1人2個ずつ積んだり、帰りは「後ろクマ歩き」にするなど、レベルアップして楽しみます。

運動が苦手な子へのサポート

●遅くてチームが負けそうな状況になったときなどは、友達を応援するきっかけを作ります。本人が最後までがんばれるように、子どもと一緒に応援するなどして、雰囲気作りをしましょう。

PART⑤

プール運動あそび

水に慣れ親しみ、水の感触を楽しむ運動あそびです。日常では体験できないような、感覚あそびを通して、水に対しての恐怖心をなくし、その先にあるボビング、バブリング、浮くなどのスキルにつなげていきましょう。

花火が上がるよ！

対象 3歳～　人数 1人～

身につく力 ▶ リズム／身体認識能力

鍛えられる体幹 ▶

道具 水深調整台（必要に応じて）

ねらい
●シャワーなどの水が苦手な子も、楽しみながら水に慣れ、濡れることへの抵抗感をなくします。

保育のPoint

※水しぶきを花火や星に見立て、**「たくさんつかまえられるかな？」「よく見てキャッチしてね」**と声をかけ、水への抵抗をなくせるようにしましょう。

※水が苦手な子と、大きな水しぶきをあげてダイナミックにあそぶ子がいたら、位置を離すなどの配慮をします。

あそび方

1. プールの中に（必要に応じて）水深調整台を置き、両手で水をすくい、花火を上げる準備をします。
2. 「ドレミファソラシド」の音に合わせて**「花火が上がるよ」**と歌いながら、水の中に入れた手を高く上げ、水を跳ね上げます。
3. 落ちてくる水を、目を開けてキャッチします。

アレンジ
★ほかのものに見立ててもOK★

花火のほかにも、星など子どもが興味のあるものを空に上げるつもりで楽しみます。

運動が苦手な子へのサポート

●プールの水が怖い子には、水を入れたコップを勢いよく持ち上げて水を跳ねさせ、その水をキャッチするあそびを行います。

ジャンケンシャワー

対象	人数
3歳～	2人～

身につく力 ▶ 身体認識能力　空間認識能力

鍛えられる体幹 ▶

道具　**ミニじょうろ**（ペットボトルなどで手作りしてもOK）

ねらい　●頭から水がかかることへの抵抗感をなくします。

保育のPoint

※水が苦手な子には、「**少し下を向いていると、顔にかからないよ**」と声をかけ、安心させます。泣かないでできたら、たくさんほめましょう。

※ジャンケンのルールをまだ理解していない場合は、保育者と一緒に行います。

あそび方

❶ 2人組になってジャンケンをします。

❷勝った子が負けた子の頭の、ミニじょうろで3秒ほど水をかけます。水をかける前に、「**あっぷっぷー**」と言って目と口を閉じます。水をかけている間は、「**1、2、3、OK!**」と声をかけます。

運動が苦手な子へのサポート

●どうしても水が苦手な子には、無理強いをしません。水を肩にかける、ほんの一瞬だけかけるなどの配慮をしながら行ってみましょう。

トンネルくぐり

対象	人数
3歳〜	1人〜

身につく力 ▶ 移動系運動スキル
平衡性
空間認識能力

鍛えられる体幹 ▶ 

道具 半円フープ、スポンジの棒など

ねらい
- 子ども自身がやりたいこと、できそうなことを選んで行います。

保育のPoint

※例にあげていない動物の名前を言う子もいますが、そのときは「**これくらいかな?**」と聞き、トンネルの高さを調整します。

※好きな動物や野菜の名前を答えさせて、トンネルの高さを変えるようにしてもよいでしょう。

あそび方

❶保育者が半円フープやスポンジの棒などで、プールの中にトンネルを作ります。トンネルの高さによって、「キリン=高い」「ウサギ=中くらい」「カメ=低い」のように決めておきます。

❷子どもは1列に並び、自分の番がきたら、「**キリントンネル**」「**カメトンネル**」などと言って、その高さのトンネルをくぐります。

★くぐる際の目安★

キリン：顔を水につけずにくぐる。
ウサギ：顔を水につけ、ブクブクしながらくぐる。
カ　メ：水にもぐったり泳いだりしながらくぐる。

運動が苦手な子へのサポート

- 自分で高さを選べることで挑戦しやすくなります。

オオカミさん、いま何時？

対象 3歳〜

人数 2人〜

身につく力 ▶ 移動系運動スキル／平衡性／俊敏性

鍛えられる体幹 ▶

道具 **浮き遊具**（必要に応じて）

ねらい
- プールの中を歩いたり走ったりすることに慣れます。
- 保育者の指示を聞いて動きます。

保育のPoint

※小柄な子や、とくに水が苦手な子は、腕にヘルパーをつけるなどします。

※保育者はあまり速く追いかけないようにします。

あそび方 **プールに入り、子どもと保育者が言葉のかけ合いをし、保育者がキーワードを言ったら子どもは逃げます。**

❶子どもが「**オオカミさん、いま何時？**」と保育者に向かって言う。

❷保育者が「**夜中の12時！**」と言ったら、子どもたちは逃げ、保育者が追いかけます。ほかの時間を言ったときは逃げません。

アレンジ

★ネコに変えてもOK★

「**ネコさん、何が好き？**」に変えてやってみてもよいでしょう。保育者が「**さ、さ、魚！**」と言ったら逃げます。

運動が苦手な子へのサポート

- オニごっこや集合あそびが苦手な子には無理強いをしません。「**お手伝いしてくれる？**」「**（プールの端のほうで）みんなの応援をしてね**」などと声をかけましょう。

だるまさんの１日

対象	人数
3歳〜	1人〜

身につく力 ▶ 平衡性
協応性
身体認識力

鍛えられる体幹 ▶

道具 水に沈むゴルフボールなど

ねらい
- ●ゲームを楽しみながら水に慣れます。
- ●保育者の指示を聞いて動きます。

保育のPoint

☀プールの中で行う前に、動作だけを水の外で行ってみましょう。

あそび方

❶プールに入り、「だるまさんがころんだ」のバリエーションで、様々な動作をしながら前進します。

❷プールの端のゴールまで着いたら、宝物を取ります。何回か繰り返し、宝物をたくさん集めます。

★バリエーション例★

- ・だるまさんがお顔洗った（顔を洗う）
- ・だるまさんがブクブクした（バブリングする）
- ・だるまさんがほっぺをつけた（水にほっぺをつける）
- ・だるまさんが頭を洗った（頭を洗う）
- ・だるまさんがもぐった（もぐる）

運動が苦手な子へのサポート

- ●バブリングができない子は、水をフーッと吹くだけでOKにするなど、難易度を下げて参加できるようにします。

バブリングとは…水中で鼻と口から息を吐く練習のこと。

⚠ 顔を洗ったり、バブリングしたりすることが目的なので、ゆっくり進みましょう。

忍者に変身！

対象	人数	身につく力	鍛えられる体幹
3歳～	1人～	瞬発力 平衡性 俊敏性	お腹／背中／腰／太もも

道具 水深調整台（必要に応じて）

ねらい
- 水中でジャンプしたり、もぐったりすることを楽しみます。
- 保育者の指示を聞き、水中で体を動かします。

保育のPoint
- 最初はゆっくり行い、徐々に速くして盛り上げます。
- できなくても、その子なりにがんばれるように促し、楽しく参加できるようにします。

あそび方 忍者に変身し、もぐったりジャンプしたりして、手裏剣をよける動きをします。

❶子どもは（必要に応じて）水深調整台の上に広がって立ち、保育者が「**手裏剣、頭**」と言ったら、水の中にもぐります。

❷「**手裏剣、足**」と言ったら、ジャンプします。

運動が苦手な子へのサポート
- 水の中にもぐれない子には、「**口をつけてブクブクでOK！**」と声をかけ、もぐる代わりにバブリングをします。

プールでお買い物

対象	人数
3歳〜	1人〜

身につく力 ▶ 移動系運動スキル
平衡性
空間認識能力

鍛えられる体幹 ▶ \お腹/ \背中/ \腰/

道具 フープや空き箱など・ゴルフボールや石など（水に沈むもの）・水深調整台（必要に応じて）

ねらい ●水にもぐることを楽しみます。

あそび方 水深調整台の上に、買い物する商品を並べておきます。

❶子どもはお店と反対側にいます。保育者が「**にんじん買ってきて**」と言ったら、プールの中をお店まで歩いていき、商品があるところまで来たら、もぐってにんじんやピーマンに見立てた遊具を取ります。

❷お皿に見立てたフープに取ったものを入れ、保育者の指示を待ちます。

保育のPoint

- 商品は、緑色ならピーマン、黒ならチョコレートなどに見立てたり、商品を宝物に変えて「**ピンク色の宝物を取ってきて**」と指示したりして、イメージをふくらませて楽しみます。
- ビート板2枚でワニの口を作り、買ってきた商品を食べさせても楽しいです。
- プールの中にトンネルを作り、店のドアに見立てて、トンネルをくぐってから買い物をするようにしてもよいでしょう。

色のついたものを沈めると

色を指定することで、水の中で子どもは必然的に目を開けようとします。

運動が苦手な子へのサポート

●もぐることが苦手な子には、本人のレベルに合う活動設定にすることで、自発的な活動を促します。

カッパオニ

対象	人数
3歳～	4人～

身につく力 ▶ 移動系運動スキル　平衡性　俊敏性

鍛えられる体幹 ▶

道具 魔法のステッキ（スポンジの棒など）

ねらい ●水に慣れ、頭の上から水をかけられることも楽しみます。

保育のPoint

☀つかまっている子が増えてきたら、逃げている子に「**○○ちゃんに水かけて～**」と声をかけましょう。

あそび方 保育者がオニになり、魔法のステッキ（スポンジの棒など）を手に持ちます。

❶オニに魔法のステッキでタッチされたら、「カッパのポーズ」をしてその場で動かないようにします。

❷ほかの子が、頭の上に水をかけてくれたら、復活できます。

アレンジ

★氷オニに変えてもOK★

「氷オニ」も同様に行ってみましょう。

氷オニとは…じゃんけんなどでオニと子を決め、オニは決められた数だけ数える。その間に子は逃げ、オニが子にタッチしたら、子は凍った状態に（動けなく）なる。凍った子に他の子がタッチしたら、解放される。地域によりルールが異なる。

運動が苦手な子へのサポート

●水をかけられることや、オニごっこが苦手な子には、「**つかまった子を助けてあげてね**」と声をかけ、助ける役で参加できるようにします。

⚠ 小柄な子や水が苦手な子は、腕にヘルパーをつけて行います。逃げるときに転倒しないように目を配りましょう。

プールで玉入れ

対象	人数
4歳〜	4人〜

身につく力 ▶ 移動系運動スキル・空間認識能力・俊敏性

鍛えられる体幹 ▶ お腹・背中・腰

道具 ボール・バケツ

ねらい ●水の中を歩き、向きを変えるなどの動きを体験します。

保育のPoint

※子どもの様子を見ながらバケツの持つ位置を高くしたり、低くしたりして、難易度を調整します。

※常に「**がんばれ〜**」「**よーく狙って〜**」「**入ったよ！**」と盛り上がるように声をかけます。

あそび方

1. 保育者がバケツを持ち、プールの中を歩き回ります。

2. 子どもたちは、バケツめがけてボールを投げ入れます。

運動が苦手な子へのサポート

●子どもがボールを入れやすいように、バケツを低く持ちながら歩きます。

⚠ 子どもがボールを追いかけることに夢中になって転ばないよう注意し、見守りましょう。

ボール出しリレー

対象	人数
4歳〜	6人〜

身につく力 ▶ 移動系運動スキル・空間認識能力・調整力

鍛えられる体幹 ▶

道具 ボール・バケツ・桶

ねらい
- 水をくみ、入れる動作を楽しみます。
- 友達と力を合わせ、チームで競争する楽しさを体験します。

保育のPoint

※保育者が手本を見せ、実際にボールがあふれてくる様子がイメージできるようにします。

あそび方

❶保育者の合図で、1列目の子どもからホールの入ったバケツに向かい、水の中を走ったり泳いで進みます。

❷プールの水を桶ですくい、バケツの中へ入れたら、次の友達のところまで戻り、タッチします。1回につき何杯入れるか決めておくとよいでしょう。交代しながら繰り返し行い、先にバケツからボールが出たチームの勝ちです。

運動が苦手な子へのサポート

- バケツからボールがあふれ出しやすくなるように、あらかじめバケツの中に水を入れて調整します。

⚠ 子どもが夢中になり、水中で転ばないように注意し、見守りましょう。

倉上 千恵（くらかみ ちえ）

東京都出身。日本女子体育大学 体育学部卒業。河合楽器製作所 東日本スポーツ課にて幼児体育の指導を行う。2005年に渡米。ウェストバージニア州Wheeling Country Day schoolにて、現地の子どもに日本語と体育を教えた経験から2009年「えいごで体操MITTE KIDS（ミットキッズ）」を立ち上げる。現在は、都内12保育園、児童発達支援センター、インターナショナルスクールでの体育指導と保育士への講演・研修を行っている。幼児体育指導歴は22年。教えた子どもは1万人を超える。

本文デザイン　田島望美（チャダル108）
本文イラスト　アキタヒロミ　ステッチ松田　中小路ムツヨ　三角亜紀子
カバーデザイン　chocolate.
カバーイラスト　鈴木えりん
校正　みね工房
執筆協力　青木美幸
編集協力　川島晶子　鈴木 愛
編集制作　株式会社 童夢

ころばない体を作る!

3・4・5歳児の運動あそび256

著　者　倉上千恵
発行者　池田士文
印刷所　図書印刷株式会社
製本所　図書印刷株式会社
発行所　株式会社池田書店
〒162-0851
東京都新宿区弁天町43番地
電話 03-3267-6821（代）
FAX 03-3235-6672

落丁・乱丁はお取り替えいたします。

ISBN 978-4-262-15448-0

[本書内容に関するお問い合わせ]
書名、該当ページを明記の上、郵送、FAX、または当社ホームページお問い合わせフォームからお送りください。なお回答にはお時間がかかる場合がございます。電話によるお問い合わせはお受けしておりません。また本書内容以外のご質問などにもお答えできませんので、あらかじめご了承ください。本書のご感想についても、当社HPフォームよりお寄せください。
[お問い合わせ・ご感想フォーム]
当社ホームページから
https://www.ikedashoten.co.jp/

23000001